Andachten 2023

Jahreslosung

Monatssprüche

Sehen und gesehen werden.

Durchschaut und im Gespräch.

Übersehen?

Ansehnlich und anschaulich.

Perspektiven.

Augen auf, Mund auf – Sehen und singen.

ejw Evangelisches
Jugendwerk in Württemberg

Inhalt

Vorwort

Liebe Leserinnen, liebe Leser,

Wertschätzung ist in aller Munde.
Von der Krankenkasse über Seminare für Führungskräfte bis zur Kirche: Überall ist davon die Rede, wie wichtig Wertschätzung ist.
Und doch ist Wertschätzung weit mehr als nur eine Methode. Sie ist eine Haltung. Weil es um eine Sehnsucht geht: gesehen zu sein.

Die Jahreslosung für 2023 spricht auf ganz eigene Art von Wertschätzung: „Du bist ein Gott, der mich sieht!“ (1. Mose 16,13 L)
Diese Worte stammen von einer Frau, die am Tiefpunkt ihres Lebens Gott begegnet. Und Gottes Blick auf ihr Leben verändert sie. Sie erlebt, von Gott angesehen und geliebt zu sein.

Das vorliegende Andachtsbuch soll dazu helfen, geistliche Impulse zu setzen und Besinnungsmomente zu ermöglichen!
Sie werden merken – es ist eine kleine, aber feine Schatzkiste zum Thema „Wertschätzung“. Es regt auf unterschiedlichste Weise an, Gottes liebevollen Blick auf unser Leben zu entdecken und einander aufmerksame Wertschätzung zu schenken.
Ich hoffe, dass Wertschätzung dadurch nicht nur in aller Munde, sondern in unseren Herzen ist!

Ganz herzlich danke ich allen Autorinnen und Autoren der Andachten. Besonders danke ich Pfarrer Johannes Seule für die Konzeption des Heftes.

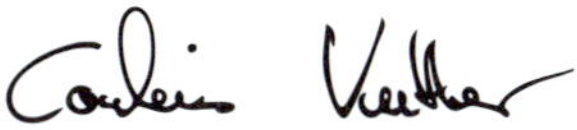

Pfarrer Cornelius Kuttler
Leiter des EJW

I

Texte, Lieder und weitere Materialien zur Jahreslosung 2023 können für nichtkommerzielle Zwecke heruntergeladen werden unter: www.jahreslosung.net

Unser Tipp

Impulse zu den Monatssprüchen gibt es auf www.99seconds.info: Jeden Monat eine 99 Sekunden-Andacht zum jeweiligen Monatsspruch! Eine Aktion von EJW und CVJM.

Andacht zur Jahreslosung 2023

Vor ihr breitet sich die Wüste aus. Flimmernde Hitze – weit über 40 Grad. Steine und Sand – soweit das Auge reicht. Eine lebensfeindliche Gegend.

Hagar ist verzweifelt – und am Ende ihrer Kraft. In was ist sie da nur hineingeraten? Ich stelle mir vor, wie sie unwillkürlich die Hand auf ihren Bauch legt. Sie ist schwanger. Und der Vater des Kindes ist nicht nur verheiratet, er ist auch noch der Mann von Sara, ihrer Herrin. Was für ein Desaster. Und das Verrückteste daran: Das alles war genau so geplant, um der Kinderlosigkeit Saras und Abrahams ein Ende zu setzen.

Hatte sich Hagar freiwillig darauf eingelassen? Sollte diese Aktion für sie der Weg aus der Knechtschaft werden? Oder war sie dazu gezwungen worden? Wie auch immer. Sie war Teil eines durchkalkulierten Unternehmens geworden mit dem entscheidenden Haken: Der Plan ging nicht auf. So wie er nie aufgeht, wenn Menschen versuchen, Gott auf die Sprünge zu helfen.

Du bist ein Gott, der mich sieht.
(1. Mose 16,13 L)

Zum Schluss war Hagar nach einem heftigen Streit vor Sara in die Wüste geflohen. Ohne Ziel und ohne jede Idee, wie das nun weiter gehen sollte mit ihr und dem Kind. Nun saß sie da. Und um sie herum nichts als Steine und Sand und diese unerträgliche Hitze.

Auch bei ihm lief es anders als geplant: Abraham, der Vater von Hagars ungeborenem Sohn Ismael. Jahre nach der Geschichte mit Hagar und nachdem er sich von Hagar und Ismael getrennt hat, steigt er langsam einen Hügel hinauf. Jeder Schritt fällt ihm schwer. Neben ihm geht der lang ersehnte Nachfolger: Isaak, der Sohn, den Sara ihm dann doch noch geboren hatte. Gott hatte Wort gehalten. Und eigentlich schien alles gut. Aber dann forderte Gott Abraham auf, diesen Isaak wieder loszulassen, ihn Gott zu opfern – wieder „hinzuhalten", wie da im Urtext steht. Auf diesen Sohn hatte er alles gesetzt und nun war er drauf und dran, ihn wieder zu verlieren. Auch bei Abraham lief es nicht wie geplant und erhofft.

Eine Frau, ein Mann. Der Erzvater und die Magd. Zwei Menschen, zwei Geschichten, auf geheimnisvolle Weise verbunden. Am Schluss sind es zwei je eigene Situationen, die auswegloser nicht sein könnten (1. Mose 16 und 1. Mose 22). Und dann sendet Gott mitten hinein in die Not dieser beiden Menschen jeweils einen Engel, der beide – so unterschiedlich sie auch waren – am Ende sagen lässt:

Ich habe einen Gott, der mich sieht! Er hat mich nicht vergessen. Ich habe einen Gott, der mich nicht an meinen Fehlern oder meinen Unzulänglichkeiten misst. Und auch wenn er unverständliche Wege mit mir geht – mein Gott ist ein gnädiger und einfallsreicher Gott. Einer, der Wege für mich findet, wo ich keine mehr sehe. Wenn alles aussichtslos erscheint, dann ist er immer noch da und öffnet mir einen Lebensraum, der mich in die Weite führt.

Am Ende weist Gottes Bote Hagar einen Weg aus der Wüste. Und Abraham erlebt auf dem Hügel, wie Gott sich ein anderes Opfer sucht. Gott belässt es bei der Lehreinheit, die alle Eltern irgendwann lernen müssen: dass Kinder loszulassen sind, weil sie nicht uns, sondern Gott gehören. Noch oben auf dem Berg versteht Abraham und kann wie Hagar nur dankbar sagen: „Der Herr sieht!" Und der Schreiber der Mosebücher setzt hinzu: „Daher sagt man noch heute über diesen Ort: Es ist der Berg, auf dem der Herr sieht." (1. Mose 22,14)

Dieser Berg, dieser Felsen, auf dem Abraham den Isaak an Gott zurückgegeben hat, liegt heute in der Altstadt von Jerusalem: der Berg Morija, der Tempelberg. An seinem westlichen Ende liegt der Felsen Golgatha. Der Ort, an dem Gott jede und jeden von uns in ganz besonderer Weise liebevoll in den Blick genommen hat. Der Ort, an dem er uns im Sterben und Auferstehen von Jesus mehr geschenkt hat, als Hagar und Abraham vermutlich auch nur zu ahnen gewagt haben.

Wir haben einen Gott, der uns ansieht. Auch wenn wir seine Wege für uns manchmal nicht verstehen. Auch wenn unsere gut durchdachten Pläne manchmal nicht aufgehen und wir dazu neigen, unsere eigenen Ideen als letzte Möglichkeit zu sehen, gilt für uns, was schon Hagar und Abraham galt: Wir haben einen Gott, der uns sieht. Und das ändert alles – in Zeit und Ewigkeit.

Dieter Braun

Bildbetrachtung zur Jahreslosung 2023

„Blickwechsel"

Allein ist sie – diese Person auf dem Weg. Niemand begleitet sie. Nicht leichtfüßig und fröhlich schreitet sie voran: Es scheint, als ob ihr Schritt stockt. Wohin soll sie denn gehen? Sie – die Sklavin Hagar! Ein Zuhause hat sie nicht mehr und erwartet wird sie nirgendwo – aber dann ist da plötzlich dieser helle Lichtstrahl, der sie sanft berührt.

Enttäuscht

Das Bild zur Jahreslosung von Dorothee Krämer erzählt eine Geschichte. Die Geschichte der Sklavin Hagar aus 1. Mose 16. Es ist eine triste Umgebung, in der diese Person so einsam unterwegs ist. Und auch die Person selbst wirkt unscheinbar mit ihren grau-schwarzen Schattierungen. Ja, unscheinbar ist diese Frau, die hier den einsamen Weg geht. Nur eine Sklavin ist sie. Und doch hatte sie gehofft, so viel mehr zu sein. Sie war ausgewählt worden, als Leihmutter für ihre Herrin. Aber diese scheinbar gute Idee der kinderlosen Sarai scheiterte am realen Leben. Hagar hat das unerwartete Glück genossen, den Stammhalter zur Welt zu bringen und dies wohl auch vor Sarai zur Schau gestellt. Sarai aber hat sich gerächt und mit aller Härte gezeigt, wer Herrin und wer Sklavin ist. Bis Hagar es nicht mehr erträgt und ins Nirgendwo flieht.

Links und rechts des Weges ist die grau und erdfarben gehaltene Landschaft zu sehen. Hart und fest scheint der Boden zu sein. So wie es wohl auch im Herzen der Hagar ist: Die harte Schicht der Enttäuschung liegt auf ihr. Am Anfang stand bei Sarai und Hagar die Sehnsucht, beachtet zu sein. Am Ende bleibt nur die Enttäuschung.

Vielleicht kennen auch wir dieses Gefühl: Wenn die Enttäuschung zudeckt, was an Hoffnung und Zuversicht gewachsen ist.

M **Gibt es Konflikte oder schwierige Situationen, die bei mir zu einer Enttäuschung geführt haben? Wie gehe ich damit um?**

Gesehen

Es ist, als ob die Sonne aus einem dunklen Himmel bricht und die hellen Strahlen sich den Weg bahnen bis auf diesen einsamen Weg, auf dem Hagar geht. Mitten auf diesem Weg ist sie umgeben vom Licht.

Für mich stehen diese Lichtstrahlen dafür, was die Geschichte von Hagar erzählt: Gott selbst begegnet ihr in der Person eines Engels. Gott spricht mit ihr. Gott sieht in ihr Leben hinein – mitten hinein in alles, was festgefahren und verhärtet ist. Der Lichtstrahl aus der Ewigkeit reicht hinein in die Einsamkeit der unscheinbaren Sklavin.
Sie ist gesehen und begleitet – auch wenn sie das wohl nie geahnt hatte.
Gott sieht in unser Leben hinein. Damals bei Hagar und bei uns. „Du bist ein Gott, der mich sieht!" (1. Mose 16,13 L) In Licht und Schatten sieht er. Er sieht, wenn wir in uns ruhen und wenn wir zerrissen sind. In die einsamen Momente sieht er. Und selbst, wenn uns das Licht seiner Liebe verborgen ist, selbst, wenn wir nicht mehr glauben können, dass er mit uns ist auf dem Weg, ist Gott da und sieht uns ins Herz.

M **Wenn ich mir vorstelle: Gott sieht jetzt auf mein Leben. Was sieht er? Was löst es in mir aus, wenn ich mir vorstelle: Er sieht mich nicht mit prüfenden, sondern mit liebevollen Augen an?**

Verändert
Wenn ich das Bild zur Jahreslosung betrachte, dann überlege ich: Ob dieser Weg wohl schon immer so eine scharfe Kurve hatte? Oder hat das Licht ihn vielleicht verändert?
Für mich ist dieser Weg, der so unerwartet abbiegt, ein starkes Zeichen: Bei Hagar ändert sich nicht auf einmal alles zum Guten. Der Konflikt löst sich nicht auf. Aber eines ist anders: Ihr Weg geht anders weiter. Das Licht der Gegenwart Gottes berührt ihr Leben und sie weiß: Sie geht nicht allein weiter, sondern Gott ist da.
Sie kann zurückkehren in ihr altes Leben und wird es doch nicht mehr in den alten Mustern führen.
Es kann etwas in uns verändern, wenn wir entdecken: Auf die einsamen Wege unseres Lebens und auf die verhärteten Stellen unseres Herzens scheint das wärmende Licht der Liebe Gottes.
Dann können sich eingefahrene Wege ändern. Manches kann anders weitergehen, weil wir anders auf unserem Lebensweg weitergehen. Menschen, die den liebevollen Blick Gottes spüren, können loslassen, was war und wagen, was kommt. Weil sie angesehen sind, geliebt und begleitet.

M **Gibt es einen Menschen, für den ich selbst zu einem Lichtstrahl der Liebe Gottes werden könnte? Was könnte ich tun, damit dieser Menschen diesen Lichtstrahl auch wirklich spürt?**

Cornelius Kuttler

Lied zur Jahreslosung 2023

„Der mich sieht"

B Refrain

C Bridge → nächste Seite

I Das Lied und verschiedene Begleitmaterialien können für nichtkommerzielle Zwecke gratis heruntergeladen werden unter: www.jahreslosung.net (ab Herbst 2022).

C Bridge

Ablauf: A Str. 1 B A Str. 2 B C Bridge A Str. 3 B

Strophe 1:
1: 1. Mose 16,7
2: 5. Mose 2,7
3: Psalm 69,21
4: Psalm 40,18

Refrain:
5: 1. Mose 16,13
6: Jeremia 31,3
7: 1. Mose 16,11b
8: 5. Mose 31,8

Strophe 2:
9: Psalm 119,176a
10: Matthäus 11,28
11: 1. Petrus 5,7

Bridge:
12: Lukas 8,22–25; Matthäus 14,22–32
13: 4. Mose 6,24–26
14: Psalm 139,7+8
15: Jesaja 52,6

Strophe 3:
16: Lukas 12,24
17: Psalm 31,16
18: Jesaja 49,16
19: Jesaja 43,1

Text (zu 1. Mose 16,13) **und Musik:**
Gottfried Heinzmann und Hans-Joachim Eißler

Gedanken zum Jahreslosungslied

„Der mich sieht"

„Siehst du mich?" – eine wichtige Frage in unserem Alltag. Ich spüre in Bruchteilen von Sekunden, ob der andere mich wahrnimmt oder über mich hinwegsieht.

„Wie siehst du mich?" – diese Frage geht tiefer. Sie fragt nach Wertschätzung, nach Würde. Es gibt Blicke, die andere zum Objekt machen. Die Nützlichkeit für die eigenen Interessen wird eingeschätzt. Solange jemand nützlich ist, wird er angesehen. Später dann: „Geh mir aus den Augen!"

In der Geschichte von Hagar kann man diese Abgründe wiederfinden. Sie wird zum Objekt gemacht, benutzt, missbraucht – und dann nicht mehr angesehen. Strophe 1 nimmt das auf: „In die Wüste geschickt, wo die Hoffnung erstickt", „in der Seele verletzt und ins Abseits versetzt".

Gott sieht Hagar ganz anders an. In seinen Augen spiegelt sich seine unendliche Liebe und Wertschätzung. Gott geht dieser verachteten Frau, der man so übel mitgespielt hat, nach. Er sucht und findet sie. In der Einsamkeit der Wüste erlebt Hagar: „Auch dort bist du mir nah ... auch dann bist du für mich da!" (Strophe 1)

Hagar gibt diesem Gott einen faszinierend schönen Namen: „Du bist ein Gott, der mich sieht." In diesem Gottesnamen stecken die Erfahrungen, die Hagar mit Gott gemacht hat. Interessanterweise gibt es direkt danach noch eine andere Beschreibung für Gott. Sie steckt im Namen ihres Sohnes. Ismael bedeutet: „Gott hat gehört." Der Refrain nimmt beides auf: **„Du bist ein Gott, der mich sieht, der mir Ansehen gibt und mich unendlich liebt. / Du bist ein Gott, der mich hört, der mein Leben versteht und den Weg mit mir geht."**

Die kraftvolle Bridge und die darauffolgende Strophe 3 zeigen eine weitere Facette auf, wie Gott uns ansieht: „Du lässt dein Angesicht leuchten. Auch am dunkelsten Ort weiß ich, du findest mich dort und du sprichst: Ich bin da."

Gottfried Heinzmann

Impuls zur Jahreslosung 2023

In mir brodelt es. Ich fühle mich so ungerecht behandelt. Ärger, Wut und Verzweiflung wechseln sich in mir ab. Ich kann an gar nichts anderes mehr denken. Der Termin an der Uni passt mir da grade gar nicht. Aber ich muss halt hin. Nachdem alles Wichtige kurz und knapp geklärt ist, schaut mich der Dozent an und sagt dann: „Alles ok bei dir? Du siehst aufgebracht aus. Nimm doch kurz Platz." Ich sitze noch 45 Minuten bei ihm im Büro und rede mir den Frust von der Seele.

Ohne, dass ich den Wunsch ausgesprochen hatte, wurde ich in meinem Ärger gesehen. Und ehrlich gesagt, irgendwie war es mir auch wichtig. Ich wollte wahrgenommen werden in meiner Frustration und Sorge. Und es tat mir gut, dass ich nicht übersehen wurde.

Du bist ein Gott, der mich sieht.
(1. Mose 16,13 L)

Der Wunsch, gesehen zu sein, ist ein zutiefst menschliches Bedürfnis. Egal ob über Instagram, Facebook, auf dem Klassenfoto oder beim Mannschaften-Wählen im Sportunterricht: Wir wollen gesehen werden. So wie in dem Moment an der Uni. Wir wollen wahrgenommen werden, mit dem, was wir können und leisten, was wir erleben, was wir fühlen und auch mit dem, was uns bewegt. Experten meinen sogar, dass ein Burnout häufiger durch fehlende Anerkennung ausgelöst wird als durch zu viel Arbeit. Wenn mich niemand sieht, wenn mich keiner wahrnimmt, dann geht es mir schlecht.

Wie tröstlich ist es da, zu wissen, dass Gott mich sieht. Egal in welcher Situation. Ob ich fröhlich bin und alles im Griff habe, oder ob es bei mir nicht läuft und ich völlig frustriert über mein Leben bin. Ich kann mich jeden Tag unter diese Zusage stellen: Ich bin gesehen.

M **Gibt es Menschen in deinem Umfeld, die sich vielleicht auch wünschen, dass jemand sie sieht? Wie könntest Du ihnen zeigen, dass sie gesehen sind?**

G **Himmlischer Vater, ich danke dir, dass du mich siehst. An jedem Tag und in jeder Situation darf ich wissen: Du weißt darüber Bescheid, wie es mir geht. Danke!**

Martin Grauer

Januar

Als der spanische Pantomime Carlos Martinez mal von einem Jungen gefragt wurde, ob er Gott darstellen könne, beantwortete er diese Frage mit seiner Pantomime „Am Anfang schuf Gott Himmel und Erde". Sein „göttlicher Gesichtsausdruck" zeigt in diesem vierminütigen Stück eindrücklich Gottes Freude über sein schöpferisches Handeln und das Werk – seine Schöpfung.

I **Die Pantomime von Carlos Martinez ist hier zu sehen: https://bit.ly/38nz36u**

Ich habe dieses Stück schon mehrfach live gesehen. Jedes Mal freue ich mich über die Art und Weise, wie die Welt entsteht. Ich warte gespannt auf den Moment, wenn „Gott" den Menschen nach seinem Ebenbild, als Gegenüber erschafft und ihm liebevoll seinen Atem einhaucht. Gott sieht sehr glücklich und zufrieden sein Werk an. Er freut sich offensichtlich an dem, was da entstanden ist. Ich sehe Zufriedenheit in seinem Gesichtsausdruck, aber auch Sorge mischt sich in die Mimik. Carlos Martinez setzt eindrücklich den Vers in Szene, der das erste Kapitel der Bibel beendet: Gott sah alles an, was er gemacht hatte: Und siehe, es war sehr gut.

Gott sah alles an, was er gemacht hatte: Und siehe, es war sehr gut.
(1. Mose 1,31 E)

Wir sind von Gott Angesehene. Wie ein Künstler sein Werk, so sieht Gott uns an und zeichnet uns aus mit „SEHR GUT"! Er sieht nicht auf uns herab, er sieht auch nicht über uns hinweg, sondern er sieht uns an. Sein Blick sagt: SEHR GUT!

Meisterhaft ist, was Gott erschafft. Es ist Gottes Wirken, welches der Schöpfung und den Geschöpfen das Prädikat „ausgezeichnet" gibt, nicht irgendeine Leistung oder eigenes Zutun. Das Vorzeichen allen Lebens ist ein SEHR GUT! Es bleibt nicht immer gut. Das wissen wir aus den weiteren Erzählungen der Bibel, der Geschichte, dem Weltgeschehen und vermutlich auch aus unserem eigenen Leben. Das deutet sich in der Pantomime auch an. Doch das „Ja" des Schöpfers ist über dem Leben ausgesprochen. Es ist Ursprung, Richtung und Ziel. Mit diesem Vorzeichen dürfen wir leben.

Ilse-Dore Seidel-Humburger

Februar

Bestimmt hast du schon einmal davon gehört, dass Lachen gesund ist. Beim Lachen werden vom Kopf bis zum Bauch rund 300 Muskeln angespannt, allein 17 davon im Gesicht. Wenn wir lachen, fühlen wir uns wohl. Denn beim Lachen werden Glückshormone produziert, die dann in unsere Blutbahn gelangen. Lachen baut Stress ab, da die Ausschüttung des Stresshormons unterdrückt wird. Und es gibt sogar Studien, die zeigen, dass Lachen unser Immunsystem stärken kann. Lachen hat also einen positiven Effekt auf unseren Körper!

Aber Lachen kann noch mehr! Lachen ist ansteckend. Wenn wir jemandem begegnen, der herzzerreißend lacht oder einen guten Witz erzählt, können wir nicht anders, als mitzulachen. Außerdem benötigt ein Lachen keine Sprache, Lachen funktioniert nonverbal und verbindet Menschen miteinander über alle Grenzen hinweg. Ein Lächeln sorgt für Wohlbefinden bei meinem Gegenüber und nimmt Hemmung und Angst. Lachen baut also Beziehung auf und Gräben ab.

Sara jubelte: Gott lässt mich vor Freude lachen. Wer davon hört, lacht mit mir.
(1. Mose 21,6 BB)

Auch Saras Lachen nach der Geburt Isaaks war ansteckend und ließ die Menschen um sie herum lachen und vor Freude jubeln. Ich stelle mir Saras Lachen so laut und herzlich vor, dass es bis in den Himmel gereicht hat.

Der hebräische Name „Isaak" lässt sich mit „ER (also Gott) lacht (freundlich)" übersetzen. Gott lacht! Er selbst freut sich und lächelt, lacht mit und für uns. Gott teilt eine zutiefst menschliche Emotion mit uns und baut darüber eine Beziehung zu uns auf. Auch Gott freut sich. Auch er lacht!

Wenn wir gemeinsam unterwegs sind, in der Jugendarbeit, in Gemeinde und Familie, steckt in jedem geteilten Lachen immer auch ein Stück von Gott und seiner herrlichen Botschaft der Liebe. Lachen schafft Beziehung und Geborgenheit in und mit Gott!

M **Erzähle heute jemandem deinen Lieblingswitz! Wenn ihr gemeinsam lacht, stelle dir vor, dass Gott mitlacht!**

Julia Hermenau

März

Kreuz und quer liegen die Mikadostäbe auf dem Tisch. Jetzt gilt es, sie mit Geschicklichkeit aus der Mitte zu nehmen. Kein Stab darf wackeln! Das ist herausfordernd! Die übereinander liegenden Stäbe sind für mich Symbol für unsere Beziehungen. Auch hier liegt vieles übereinander und es kommt schnell etwas ins Wackeln.

Was kann uns scheiden von der Liebe Christi?
(Römer 8,35 E)

Stellt euch vor, die Stäbe tragen statt Markierungen Begriffe wie Kommunikation, Wertschätzung, Treue, Vertrauen oder Liebe. Hier kann schon ein falsches Wort alles ins Wanken bringen.

Wenn die Frage lautet, was uns von der Liebe scheiden kann, dann ist unsere Antwort schnell gegeben. Vieles – und am Ende der Tod. Was aber scheidet uns von der Liebe Jesu? Paulus nimmt auf, was uns tief innen betrifft: Wie steht es zwischen Gott und mir?

Diese Dimension ist manchmal vom Alltag verschüttet. Paulus meint es so: Gott und wir – das passt oft nicht. Wir wackeln. Wir machen manches verkehrt und werden immer wieder schuldig. Da steht etwas zwischen ihm und uns. Gut, dass Gott uns Menschen nicht nach dem beurteilt, was wir bringen, sondern nach dem, was wir brauchen: Erbarmen, Gnade, Leben. Wir sind von Gott freigesprochen und leben auf seine Kosten. Die Liebe Gottes ist seine spezielle Fürsorge für uns. Gott hat seinen Sohn Jesus dahingegeben und wieder aus dem Tod gerissen. Mit derselben Kraft wirkt er auch an uns.

Aus der Frage wird eine Feststellung: Jesus ist für uns! Ganz sicher. Das steht fest. Kein Leid, keine Einsamkeit, nicht unsere Geschichte und keiner unserer Fehler, nichts Gegenwärtiges und nichts Zukünftiges und nicht der Tod kann uns von Gott trennen. Die Liebe Gottes in Jesus Christus ist der größte Schatz unseres Lebens, der uns auch dann erhalten bleibt, wenn alle irdischen Stützen zusammenbrechen. Die Liebe Jesu zu uns ist zugleich auch die Kraft, die uns stark macht, bei ihr zu bleiben.

M **Spielt Mikado und überlegt dabei, was in eurer Beziehung zu Gott wackelt.**

▶▶ **Einfach so (LB2 118)**

Jürgen Kehrberger

April

Jahrelang wartete ich oft täglich an der roten Ampel in Weil der Stadt vor der Heilig-Kreuz-Kapelle und las die Inschrift: „Oh, ihr alle, die ihr am Wege vorübergeht, seht, ob ein Schmerz gleich sei meinem Schmerz." Die Worte erinnerten mich, dass Jesus nicht nur tot war, sondern extrem schmerzvoll für uns gestorben ist.

Christus ist gestorben und lebendig geworden, um Herr zu sein über Tote und Lebende.
(Römer 14,9 E)

Jesaja beschrieb schon Jahrhunderte vorher den Sterbeprozess Jesu: „Er war der Allerverachtetste und Unwerteste, voller Schmerz und Krankheit. ...Fürwahr, er trug unsere Krankheit und lud auf sich unsere Schmerzen" (Jesaja 53, 3–4 L). Weil Jesus so schrecklich starb und er sich in seinem Sterben in eine absolute Gottverlassenheit begab, hat sein stellvertretendes Leiden für uns bis heute eine starke Wirkung. Mit seiner Auferstehung hat Jesus die Macht des Todes besiegt – endgültig, ein für alle Male, ewig! Seither ist er der Herr über Tod und Leben.

Paulus macht klar, dass unser Sterben keinen Beziehungsabbruch zu Jesus bedeutet. Schmerzen und Leiden auch nicht! Egal, ob wir leben oder sterben: Wir sind des Herrn (Römer 14,8). Das gilt für unser letztes Abschiednehmen auf dieser Erde genauso wie für die vielen kleineren und größeren schmerzhaften Verluste sonst im Leben.

Einer, der diese Osterhoffnung, diese wunderbare Geborgenheit in allem, was kommen mag, verinnerlicht und authentisch gelebt hat, war Dietrich Bonhoeffer. Am Morgen des 9. April 1945 wurde er im Konzentrationslager Flossenbürg hingerichtet. Seine letzten Worte sprechen von dem Anfang nach dem Ende: „Das ist das Ende – für mich der Beginn des Lebens."

Ich wünsche mir für mein Sterben und auch schon für mein Leben diese fast schon heitere Gelassenheit. Sie macht unbesiegbar und gewiss: Jesus gab alles für uns. Und bei ihm gibt es immer mehr als uns andere nehmen können. Das regelmäßige Warten vor der roten Ampel war für mich heilsam.

►► Von guten Mächten (LB 70)

Andreas Lämmle

Mai

Ich bin unterwegs in der Stadt, ein paar Besorgungen machen. Da sehe ich ihn, in der Fußgängerzone. Der verwahrloste Mann sitzt auf dem Boden, eine leere Büchse steht vor ihm. „Bitte helfen Sie mir" steht mit krakeliger Schrift auf dem Pappschild vor ihm. Einen kurzen Moment zögere ich, dann gehe ich vorbei. Wenigstens einen freund lichen Blick bekommt er noch von mir. „Davon ist ihm nicht geholfen", denke ich noch. Und schon bin ich ein paar Schritte und ein paar Gedanken weiter und hab den Mann vergessen.

So ganz anders ist die Idee, die uns Salomo vorstellt. Es ist das Gegenteil von Wegschauen und Ignoranz. Helfen, wo auch immer Hilfe gebraucht wird. Hinschauen, zupacken und an der Situation der hilfesuchenden Person etwas ändern. „Gefällt mir", denke ich, „ein gutes und einfaches Prinzip." Doch gleichzeitig regt sich Widerspruch in mir. Ich sehe all das Leid, das mir begegnet. Ich sehe, wo Hilfe nötig ist. Oft bin ich sprachlos und ohnmächtig bei all dem, was ich wahrnehme. Ich bin überfordert und brauche selber Hilfe, weil ich nicht mehr klarkomme.

Halt, so hat Salomo das nicht gemeint! Kein Helfen um jeden Preis. Hilf dann, wenn du helfen kannst. Schau nicht weg, wenn du Not siehst. Handle, wenn dein Herz berührt wird. Verschiebe es nicht auf Morgen. Nimm dir nicht vor zu helfen, sondern handle! Überlege, was du mit dem, was Gott dir geschenkt hat, ausrichten kannst. Mit deiner Zeit – jemandem zuhören. Mit deinen Fähigkeiten – jemandem etwas organisieren oder reparieren. Mit deinen Erfahrungen – jemandem einen Rat geben. Mit deinen finanziellen Möglichkeiten – jemandem Geld geben.

Wenn jemand deine Hilfe braucht, verweigere sie nicht! Kannst du ihm helfen, dann tu es auch!
(Sprüche 3,27 BB)

Meine nächste Begegnung in der Stadt mit dem verwahrlosten Mann mit Pappschild wird jedenfalls anders ausgehen – mit einem freundlichen Blick werde ich ein paar Euros in die leere Büchse werfen.

M **Welche Möglichkeiten hat Gott dir geschenkt? Wo hast du zuletzt jemandem geholfen?**

Cyrill Schwarz

Juni

Es ist ein regnerischer und trüber Tag. Wir sind mit dem Segelboot unterwegs rund um Rügen und stechen in Lubmin in See. Bei Wind, leichtem Regen und unruhiger Welle. Wir, das sind vier Männer. Ziel ist Peenemünde.

Der Regen hört zum Glück bald auf, die Sonne setzt sich durch. Es ist früher Nachmittag, als wir ankommen. Tatsächlich ist noch ein Platz am Ende des Stegs frei, direkt im Museumshafen. Einer der Mitsegler macht mit dem Hafenmeister alles klar und kommt breit grinsend mit vier Matjesbrötchen in der Hand zurück aufs Schiff.

So sitzen wir vier zufrieden kauend an Deck in der Sonne und genießen den Moment. Ich frage mich: „Was kann man sich noch mehr wünschen? Mehr geht doch nicht!"

Isaak wünscht seinem Sohn Jakob die Fülle. Reichtum in landwirtschaftlichen Erträgen: Korn und Wein. Er wünscht ihm Regen zur rechten Zeit und fruchtbare Böden. Er wünscht ihm in allen Belangen Gottes Segen! Nun gut, eigentlich dachte der blinde Isaak, er hätte Esau vor sich, nicht Jakob. Dieser erschwindelt sich den väterlichen Segen, indem er sich verkleidet und falsche Tatsachen vorspiegelt.

Gott gebe dir vom Tau des Himmels und vom Fett der Erde und Korn und Wein die Fülle.
(1. Mose 27,28 L)

Dennoch erfährt Jakob in seinem Leben den Segen Gottes. Er muss zwar vor Esau fliehen. Doch in der Fremde bei seinem Onkel Laban wachsen seine Herden und seine ganzen Verhältnisse zu unglaublichem Reichtum heran. Und – Achtung, Spoileralarm – am Ende versöhnt sich Jakob sogar wieder mit seinem Bruder Esau. Selbst hier hat Gottes Segen seine Wirkung entfaltet.

Und wir? Spüren wir in unserem Leben den Segen Gottes? Wahrscheinlich nicht immer und nicht zu jedem Zeitpunkt. Aber grundlegend und tragend zieht sich diese Zusage Gottes, dieser Segenswunsch, durch mein Leben. Und dann gibt es sie natürlich noch, diese Highlights, die herausstechen: Fischbrötchen, Seeluft und Hafenflair.

M **Was sind deine „Highlights" – Momente, in denen du den Segen Gottes ganz besonders spürst?**

Jan Bechle

Juli

Es ist einer der Spitzensätze der Bergpredigt: die Feinde lieben. Wie soll das denn gehen? Feinde sind doch diejenigen, die uns das Leben schwer machen, die uns bedrohen, uns in Frage stellen und uns gewaltig piesacken können.

Jesus Christus spricht: Liebt eure Feinde und betet für die, die euch verfolgen, damit ihr Kinder eures Vaters im Himmel werdet.
(Matthäus 5,44–45 E)

Dass Jesus neben dem sogenannten Doppelgebot der Liebe die Feindesliebe nennt, ist auf den ersten Blick eine Zumutung. Nächste dürfen mir nahekommen, Feinde nicht. Mit Menschen, mit denen ich mich gut verstehe, teile ich das Leben. Sie sind mir lieb und wert. Feinde hingegen muss ich auf Abstand halten. Wenn der Feind anrückt, werden die Tore verschlossen.

Das griechische Wort an dieser Stelle beschreibt Kriegszustände zwischen Völkern und zwischen einzelnen Personen. Jegliche auf das Wohl des Anderen gerichtete innere Haltung ist verloren gegangen. Feindschaft und Hass bestimmen das Miteinander. Damit sind beide bedroht. Aus der Konfliktforschung weiß man, dass am Ende eines Konfliktes beide Seiten verlieren, wenn keine Lösungen gefunden werden.

„Liebt eure Feinde" ist genau genommen ein Präventionsprogramm, das uns nicht dazu aufruft, mit allen „gut Freund" zu sein. Das wäre die totale Überforderung. Vielmehr ruft Jesus zur Unterscheidung auf: Mit wem kann ich und mit wem nicht? Zu wem muss ich auf Abstand gehen, damit es nicht zum Zusammenstoß kommt? Nicht jeden lade ich an meinen Tisch ein. Mit manchen kann ich gut leben, wenn sie mir jenseits des Gartenzauns begegnen und so meine Gefühle nicht unnötig strapazieren. Auf Abstand halte ich es auch mit denen aus, die mir Mühe machen und ab und an gelingt es, ihnen zwar nicht mit Zuneigung, aber wenigstens mit Respekt zu begegnen.

Im Reden mit Gott hat alles seinen Platz. In seiner Gegenwart werden die Schieflagen wieder zurechtgerückt und wir können aushalten, dass bei ihm alle willkommen sind.

►► **Schenk uns Weisheit, schenk uns Mut (EG 635)**

Alma Ulmer

August

Meine Urlaubsoase, in der ich auftanke. Mein eigenes Zimmer und Reich, in das ich mich nach einem Streit zurückziehe. Meine Werkbank oder mein Hobbyraum, in dem ich kreativ zur Ruhe komme. Jeder und jede von uns hat einen Zufluchtsort, an den wir uns zurückziehen, wenn uns alles zu viel wird.

Du bist mein Helfer, und unter dem Schatten deiner Flügel frohlocke ich.
(Psalm 63,8 L)

Für den Beter ist Gott dieser Zufluchtsort, der seine schützenden Flügel über ihn ausbreitet. Er ist seine Hilfe. Das wird dem Beter in einer schlaflosen Nacht bewusst. Schlaflose Nächte: Sie ereilen mich, wenn irgendetwas nicht gut ist, wenn es ein Problem gibt. Dann kreisen die Gedanken und kommen nicht zur Ruhe. Schafe zählen hilft mir dann nicht. Und über Gott nachdenken, wie es der Beter tut?

Oft verkrieche ich mich viel zu lange in „mein Handy", vergesse, dass Gott immer für mich da ist. Früher wurde ich gemobbt und habe es niemandem erzählt. Heute gehe ich Gesprächen bei der Arbeit, mit dem Chef oder der „doofen" Kollegin, die mich gekränkt hat, aus dem Weg.

Neben all den Kriegssituationen und Geflüchteten, die aktuell unterwegs sind, wirken meine Probleme plötzlich klein und unbedeutend. Wie viel mehr Schutz, Hilfe und Fürsorge diese Menschen brauchen! Ob sie in den Jubel des Psalmbeters einstimmen können? Ich wünsche es ihnen von Herzen.

Und ich will mir in Zukunft in schlaflosen Nächten all die Situationen in Erinnerung rufen, in denen ich Gott als Hilfe erlebt habe – damit ich, trotz der noch nicht gelösten Probleme, in den Jubel einstimmen kann: „Du bist mein Helfer. Im Schatten deiner Flügel frohlocke ich."

M **Versuche mal ein Experiment: Gehe so mutig wie David durch diesen Monat und sage dir jeden Tag: „Der HERR, der mich von dem Löwen und Bären errettet hat, der wird mich auch erretten von... (setze deine persönliche Herausforderung hier ein)." (1. Samuel 17,37 L)**

▶▶ **Do It Again (LB2 179)**

Ruben Kirchner

September

Sommerzeit gleich Freizeit?! Für viele aus der Jugendarbeit ist das gelebte Realität. Weil Freizeiten mehr bieten: Aktiv sein. Gute Gemeinschaft erleben. Lebensfördernde Impulse bekommen. Spannende Menschen kennen lernen, indem wir Zeit mit ihnen verbringen. Tiefe und inspirierende Gespräche führen. Zusammen Abenteuer erleben.

So war das schon bei Jesus. Er zog durch Galiläa und die Menschen lernten ihn kennen. Das war Freizeit mit Jesus. Sie wanderten mit ihm, hörten ihm zu und erlebten seine Wunder. Dabei machten sich die Menschen ein Bild von ihm. Die einen fanden Jesus faszinierend und setzten ihre Hoffnung auf ihn. Für sie war er ein Großer. Die anderen lehnten ihn ab. Für sie war er ein Ärgernis.

Bei dieser Meinungsvielfalt stellt Jesus seinen engen Freunden die alles entscheidende Frage. Dabei geht es ihm nicht um Fremdbestätigung oder Stärkung seines eigenen Selbstbewusstseins. Jesus weiß, wer er ist. Es geht ihm um seine Jünger. Entscheidend ist ihre und unsere Sicht auf Jesus. Entweder halten wir Jesus für einen gescheiterten Weltverbesserer, oder er ist tatsächlich der lebendige Gott selbst. Jesus stellt mir und dir dieselbe Frage. Sie erfordert eine persönliche Antwort.

Jesus Christus spricht: Wer sagt denn ihr, dass ich sei?
(Matthäus 16,15 L)

Simon Petrus bekennt Jesus: Du bist Christus, der Sohn des lebendigen Gottes. Der lebendige Gott selbst. Der eine, dem der Vater alles übergeben hat und ohne den niemand den Vater kennen kann. Der Herr und Retter. Einzigartig. Unvergleichlich.

Wie kommt Petrus zu dieser Antwort? Er hat Jesus erkannt. Nicht, weil er viel theoretisches Wissen über Jesus angehäuft hat. Seine Antwort war auch nicht die Folge eines Gefühls nach den Highlights der vergangenen Monate. Petrus hat Jesus erfahren. Das ist auch heute möglich. Wie lautet deine Antwort?

►► **Das glaube ich (LB2 13)**

Paul-Gerhard Stäbler

Oktober

Morgens beim Frühstück kommen sie einem entgegen, die Schlagzeilen der großen, weiten und der kleinen, lokalen Welt. Da wird berichtet von Katastrophen und Affären. Von Dingen, die passieren und von Dingen, die passieren sollten. Immer wieder ertappe ich mich bei dem Gedanken: „Da muss doch jetzt aber dringend mal einer was machen."

Seid Täter des Worts und nicht Hörer allein; sonst betrügt ihr euch selbst.
(Jakobus 1,22 L)

Vielleicht geht es dir auch genauso wie mir. Meistens passiert in der Folge doch erstaunlich wenig – „man" hat eben nichts gemacht. Da kommen wir aus dem Gottesdienst oder dem Bibellesen und der Alltag nimmt uns gefangen. Von dem, was wir als Christen gehört haben, kommt wenig an in unserem Umfeld. Das Wort aus dem Jakobusbrief ist ein großer Auftrag: Täter des Wortes sein, was soll das bedeuten? Dietrich Bonhoeffer schreibt aus der Haft: „Unser Verhältnis zu Gott ist ein neues Leben im ‚Dasein-für-andere', in der Teilnahme am Sein Jesu."

Damit ist gemeint, dass Christen gerade daran zu erkennen sein sollen, dass sie, wie Christus, für andere da sind. Das geht nicht im übertragenen Sinne. Das sollte nicht „man" machen, sondern „ich". Das kann im Kleinen losgehen, indem ich heute einen Nachbarn, dem es schlecht geht, besuche oder ihm zumindest eine Karte schreibe. Das kann bedeuten, mich für ein politisches Amt wählen zu lassen, weil gerade hier Menschen mit Werten gefragt sind. Das kann sein, dass ich auf den nächsten Kinobesuch verzichte und ein soziales Projekt unterstütze ...

An diesem Bibelvers wird ein Anspruch deutlich. Er ist unbequem und kann so helfen, vom Sofa hochzukommen. Noch einmal Bonhoeffer: „Die Kirche ist nur Kirche, wenn sie für andere da ist." Das gilt für uns ganz genauso.

M **Schreibe eine Liste für den Oktober und versuche, jeden Tag EINE Aktion zu finden, mit der du vom Hörer zum Täter des Wortes werden kannst – und dann fang an: Man sollte was tun, leg los!**

Timm Ruckaberle

November

Kennst du das? Wenn du dich in sternenklarer Nacht irgendwo auf einer Anhöhe auf den Rücken legst und nichts siehst außer der Unendlichkeit des Weltalls? Irgendwann fühlt es sich so an, als würdest du hineingesogen. Mich fasziniert diese Weite schon, solange ich denken kann.

Er allein breitet den Himmel aus und geht auf den Wogen des Meers. Er macht den Großen Wagen am Himmel und den Orion und das Siebengestirn und die Sterne des Südens.
(Hiob 9,8–9 L)

Im letzten Winter bin ich mit Freunden zu einer mehrtägigen Schneetour aufgebrochen. Auch dieses Mal war ich von der Schönheit unter Gottes Nachthimmel überwältigt. Wir fanden eine Schutzhütte und kuschelten uns in unsere Schlafsäcke. Doch je länger die Nacht dauerte, desto weiter sank die eisige Temperatur unter den Gefrierpunkt. Das Wasser in meiner Trinkflasche gefror und die Kälte kroch langsam von unten in meinen Schlafsack.
Auf einmal fühlte ich mich klein, verloren, ausgeliefert. Mein Staunen wich einem mulmigen Gefühl.

Auch Hiob redet nicht von einem romantischen Sternenhimmel. Aus seinen Worten spricht mehr als bloß ein mulmiges Gefühl. Ihm wurden Besitz, Kinder und Gesundheit genommen. In Anbetracht seines unermesslichen Leidens füllt ihn das Erkennen der Erhabenheit Gottes mit Entsetzen. Er glaubt sich der Willkür des Allmächtigen hoffnungslos ausgeliefert. Doch er geht mit Gott ins Gespräch, bis es ihm gelingt, Gutes und Schweres bereitwillig aus seiner Hand anzunehmen.

Der große und erhabene Gott, der die Weite des Sternenhimmels ausbreitet – in Jesus ist er ganz nahbar. In Jesus wird er selbst klein und verletzlich. In Jesus zeigt er seine bedingungslose Liebe zu uns, die selbst das Schwerste trägt. Hiob wusste das noch nicht. Aber wir wissen es. Deshalb dürfen wir über seine gewaltigsten und seine zartesten Werke staunen und uns freuen. Auch wenn wir zwischendurch im Bewusstsein unserer eigenen Zerbrechlichkeit auch mal kalte Füße bekommen wie ich in dieser Nacht.

►► **So Will I (LB2 150)**

Yasin Adigüzel

Dezember

Das Leben ist endlich. Selten wird es einem so bewusst wie am Sterbebett eines Angehörigen. Es kommt der Zeitpunkt, an dem Menschen sich von dieser Welt verabschieden müssen. Dabei drängt sich eine Frage in den Vordergrund: Welchen letzten Wunsch habe ich in diesem Leben? Die Erfüllung dieses Wunsches bedeutet: Das Leben noch einmal bewusst erleben. Den Moment wahrnehmen. Freude und Glück verspüren. Die Sorgen und Ängste für einen Augenblick vergessen. Eine Sekunde Hoffnung haben.

Um zufrieden auf den eigenen Lebensweg zurückblicken zu können, wünschen sich viele etwas, was sie schon immer mal machen wollten oder was sie in der Vergangenheit erfüllt hat. Die „Bucket-List" kann bei jedem Menschen anders aussehen. Das Verfassen eines Briefes an den besten Freund, eine letzte Reise an die Ostsee, die Aussprache mit der zerstrittenen Familie, der Besuch des Ortes, an dem man die große Liebe kennengelernt hat.

Meine Augen haben deinen Heiland gesehen, das Heil, das du bereitet hast vor allen Völkern.
(Lukas 2,30–31 L)

Acht Tage nach Jesu Geburt wird uns im Lukasevangelium ein hochbetagter Mann namens Simeon vorgestellt. Wir wissen nicht viel über ihn. Außer, dass er in Jerusalem wohnte, gerecht vor Gott lebte und ihm vertraute. Und wir erfahren noch etwas: Sein letzter Wunsch war es, den Trost für sein Volk Israel zu sehen. Ein Trost, der seinem Volk Befreiung von Leid und Fremdherrschaft ankündigt. Der göttliche Trost, der plötzlich Mensch wurde und Hoffnung für das irdische Leben und für die Ewigkeit ausstrahlt. Dieser Wunsch ging für Simeon in Erfüllung, als er das Jesus-Baby im Tempel sah und in den Händen hielt.

Für Simeon war mit seinem Wunsch die Hoffnung auf bessere Zeiten verbunden. Sein Wunsch hatte eine Ewigkeitsperspektive. In ihm lebte eine lebendige Hoffnung, die selbst dem Tod die Macht nimmt. Ein Wunsch, der durch die dunkelsten Stunden des Lebens trägt.

M **Welchen letzten Wunsch hast du? Worauf setzt du in deinem Leben?**

►► **Ein Kind ist uns geboren (LB2 61)**

Maximilian Mohnfeld

2. Sehen und gesehen werden.

Zwei Seiten einer Medaille.

Du siehst mich.
Aufmerksam. Liebevoll. Fragend.

Du schaust hin.
Wirst sichtbar.
Wagst die Nähe.

Ich sehe dich.
Reicht mir das Gesehen-Sein?
Schaue ich hin?

Ich wage den Blick.
Fragend. Forschend. Staunend.

Aus Sehen und Gesehenwerden wird
Begegnung.

Heiliger Trotz

Das Insta-Foto (#blessed) ist gemacht, die Kerze brennt, der Kaffee steht daneben, die Bibel liegt aufgeschlagen vor dir – und schon nach drei Sätzen denkst du: „Oah. Vielleicht genug für heute?“ Jetzt noch beten. Aber was eigentlich, und bringt’s überhaupt was? Schon ist die #mood für die Stille Zeit vorbei. Und eine inspirierende Gottesbegegnung kann man das irgendwie nicht nennen.

Falls dir das bekannt vorkommt, kann ich dich beruhigen: mir auch. Und nicht nur uns. Auch in biblischen Zeiten kannten Menschen schon das Problem, sich Gott irgendwie nicht so nah zu fühlen, wie sie sich das vorgestellt hatten. In Psalm 27 steht etwas davon:

„Mein Herz hält dir vor dein Wort: »Ihr sollt mein Antlitz suchen.« Darum suche ich auch, HERR, dein Antlitz.“ Und weiter: „Verbirg dein Antlitz nicht vor mir.“

Dass Gott also nicht immer so einfach zu finden und zu spüren ist, ist keine neue Erfahrung. Und aus dem biblischen Erfahrungsschatz dürfen wir lernen und Gott seine eigenen Worte „vorhalten“. Dieses Wort zeugt von einem heiligen Trotz, den ich tief beeindruckend finde:

Mein Herz hält dir vor dein Wort: „Ihr sollt mein Antlitz suchen.“ Darum suche ich auch, HERR, dein Antlitz. (Psalm 27,8 L)

Gott glauben, dass er gut ist, dass er zu finden ist – auch, wenn es gerade nicht meine Erfahrung ist. Ob bei der Stillen Zeit, der Frage nach dem Leid der Welt oder angesichts eigener geplatzter Träume.
Er hat uns Gutes versprochen! Wenn wir ihn daran erinnern, sind wir damit in guter Gesellschaft: mit Abraham, der mit Gott für Sodom und Gomorrha verhandelt. Mit der Witwe, die einem Richter ständig in den Ohren liegt und die Jesus uns zum Vorbild gibt. Oder mit denen, die diesen Psalm beten. Der Psalm hat übrigens kein Happy End, sondern bleibt trotzig. „Ich glaube aber doch, dass ich sehen werde die Güte des Herrn.“ Und damit passt er so unglaublich gut ins Leben, wo das Happy End auch oft noch nicht in Sicht ist. Mit Gottes Güte ist trotzdem zu rechnen!

►► **What About Us? (LB2 56)**

Isabelle Kraft

Opfer bringen

Anderes Land, anderes Zuhause, andere Schule. Alles fremd. Zumindest konnte sie Deutsch. So ging es meiner Mutter. Sie kam als Spätaussiedlerin mit ihrer Familie nach Deutschland. Und alles nur, weil sie sich hier ein besseres Leben erhofften.

Wenn ich darüber nachdenke, welche Opfer Menschen heutzutage bringen, muss ich an die vielen Menschen denken, die auf der Flucht sind. Sie geben alles auf, verlassen ihre Heimat, ihre vertraute Umgebung und müssen sich in einem neuen Land mit anderer Sprache, anderer Kultur und anderen Menschen zurechtfinden. Sie bringen ein Opfer, weil sie für sich oder ihre Kinder eine bessere Zukunft erhoffen. Wir, die noch nie so radikal unsere Heimat verlassen mussten, können uns, glaube ich, nicht vorstellen, welche Sorgen und Ängste diese Menschen durchmachen.

Abraham nannte diesen Ort „Der Herr sieht." Deshalb sagt man noch heute: „Auf dem Berg, wo der Herr sich sehen lässt."
(1. Mose 22,14 BB)

Ich vermute, dass es auch Abraham sehr schwerfällt, als er mit Isaak den Berg hinaufgeht. Was für eine Last muss von ihm abgefallen sein, als der Engel Gottes einschreitet und ihm sagt, dass er seinen Sohn nicht opfern muss. Abraham macht die Erfahrung: „Der Herr sieht". Gott sieht meine Bereitschaft, aber auch meine Angst, die Sorgen, meine Wünsche und Hoffnungen. Er sieht, wie ich mit manchen Situationen kämpfe und wie schwer es mir fällt, etwas herzugeben, das ich gerne behalten würde. Und Gott lässt sich sehen. Er schreitet ein und erwartet eben nicht von Abraham, dass er Isaak opfert.

Die Geschichte ist für mich gleichzeitig eine Aufforderung. Wie kann ich mich für die Menschen, die geflüchtet sind, einsetzen, um deutlich zu machen: „Gott sieht dich"?

G **Guter Gott, du siehst die Menschen, die alles aufgegeben haben, die große Opfer für ihr Leben und das ihrer Kinder gebracht haben. Sei du bei ihnen und zeig uns, wie wir sie unterstützen können.**

Vanessa Gunesch

Richter oder Retter?

Auf dem Weg zu meiner Arbeit komme ich durch eine Fußgängerzone. Manchmal bin ich ganz bei mir selbst. Manchmal sehe ich die Menschen an, die mit mir unterwegs sind und meine Gedanken kreisen: Wer ist das? Warum trägt sie diese Kleidung? Geht die Person zur Schule, zur Arbeit oder hat sie heute was anderes vor? Ich beginne, diese Mitmenschen in verschiedene Schubladen zu stecken. Ich fälle ein Urteil über sie, obwohl ich keine Ahnung habe.

Jesus sprach: „Ich bin in diese Welt gekommen, um Gericht zu halten: Die nicht sehen können, sollen sehend werden. Und die sehen können, sollen blind werden.“ (Johannes 9,39 BB)

Ebenso ergeht es den Jüngern, als sie mit Jesus auf einen blind geborenen Menschen treffen und fragen: „Wen trifft hier die Schuld?“ (Johannes 9,2) Ich kenne dieses Verhalten, erschrecke manchmal selbst über mein Urteil. Oft hilft es mir aber auch, durchs Leben zu kommen.

Jesus setzt hier einen grandiosen Gegenpol. Er ist Richter und Retter in einem. Er ermöglicht mir, die Situationen von einer neuen, überraschenden Perspektive zu sehen. Er verweist auf meine eigenen blinden Flecke: Wie oft sehe ich nur einen Bruchteil von dem, was nötig wäre. Jesus stellt auch die Frage: Können Blinde Blinde führen? (Lukas 6,39) Damit macht er mir klar: Ich werde nie in der Lage sein, über andere urteilen zu können.

What would Jesus do – was würde Jesus tun? Wie gut kennen wir diese Frage – und wie schwer ist es, sie im Leben zu beantworten und umzusetzen. Aber wenn es gelingt und ich dabei anderen in die Augen schaue, kann ich manchmal sehen, wie Gott mich anschaut. Und dann „kribbelt“ es im ganzen Körper.

M **Check deine Schubladen! Welche helfen, dein Leben zu sortieren? Auf welche könntest du getrost verzichten?**

G **HERR Jesus! Oft handle und urteile ich viel zu schnell und beachte mein Gegenüber nicht wirklich. Danke dass du anders handelst. Ich bitte dich, dass du mir weiterhin hilfst und mir deinen Blick für meine Mitmenschen schenkst.**

Michael Weisbach

Gottlos gehen – geht's noch?

M Diese Andacht eignet sich vor allem für eine Wanderung oder ein Geländespiel. Startet mit der Frage: Wer hat sich schon mal verirrt (und traut sich, davon zu erzählen)?

„Ihr könnt nicht Äpfel mit Birnen vergleichen." Mein Mathelehrer hat diesen Satz hundertmal gebracht, als es um Gleichungen ging. Wir sollten aufpassen, dass wir die richtigen Auflösungen durchführten. Dieser Satz kann einem bei diesem Bibelvers auch in den Sinn kommen.

Denn der Herr kennt den Weg der Gerechten, aber der Gottlosen Weg vergeht. (Psalm 1,6 L)

Ein Weg soll vergehen – der andere ist ein bekannter Weg. Das kann man doch nicht miteinander vergleichen. Und sind etwa alle Gott-losen ungerecht? Es scheint alles nicht so richtig zusammenzupassen – und doch ergibt es irgendwie Sinn.
Es geht nämlich um das, was in unserem Leben Bestand hat – sogar ewigen Bestand. Unter diesem Vorzeichen kann ich vieles verstehen, was sonst unerklärlich bleibt. Zum Beispiel, dass mein Weg als Christ, auch wenn Gott ihn kennt, mir manchmal holprig vorkommt und mir zwischendrin die Puste ausgeht. Oder dass ich wieder einmal das Gefühl habe, Gott ist nicht da. Manchmal fühle ich mich auch benachteiligt, weil bei den „Ungerechten" alles so easy aussieht.

Aber manchmal merke ich etwas von diesem „ewigen Bestand". Ich merke, dass mein Wegbegleiter es auf diesem Weg ernst meint. Dass ich ein Vertrauen in meinem Leben aufbaue, das mich über den letzten Atemzug hinaus noch trägt. Dass die Holprigkeit hart ist, aber erfüllt – wenn ich ganz bei mir sein kann und Stille aushalte, weil ich einen Ewigkeitsmoment erlebe. Und irgendwie ist es auch genial zu wissen, dass einer meinen Weg kennt – wenn ich ihn auch nicht sehe und mir die nächste Kurve mehr Angst als Zuversicht macht oder ich aus der Bahn zu fliegen drohe, weil ich mal wieder zu schnell war.

Am Ende kann ich es nicht verstehen – nur glauben, dass dieser gute Hirte mich führt. Was bleibt mir denn anderes übrig? Gottlos meine Wege gehen? Geht's noch?

Dr. Stefan Hoffmann

Augen auf!

Die Schulglocke ertönt. Der Lehrer kommt ins Zimmer und verneigt sich vor seinen Schülern. Dieses Ritual pflegt er vor jeder Schulstunde. Auf die Frage, warum er das tut, antwortet er: „Ich verneige mich vor meinen Schülern, weil ich ja nicht weiß, ob einer vielleicht ein Genie oder ein zukünftiger Nobelpreisträger sein könnte." Dieser besondere Blick hat einen spürbaren Einfluss auf seine Schüler. Jahre später erzählen sie sich, wie ihnen dieser Lehrer geholfen hat, ihren Weg im Leben zu finden.

Mit welcher Grundhaltung begegnen wir unseren Mitmenschen? Wertschätzend oder abschätzig, interessiert oder gleichgültig, herzlich oder abweisend?

Irgendwo an einem Tor in Jerusalem sitzt ein blinder Bettler. Jesus und seine Jünger kommen auf ihn zu. Die Jünger fragen: Wer ist schuld an seinem Schicksal? Dahinter steckt die Frage: Für wessen Schuld ist der Mann blind? Eine verbreitete theologische Anschauung dieser Zeit. Mit der Schuldfrage ziehen sich die Jünger aus der Zuständigkeit. Es ist klar: Wir sind nicht für sein Schicksal verantwortlich, wir können nichts tun.

Und Jesus ging vorüber und sah einen Menschen, der blind geboren war.
(Johannes 9,1 L)

Jesus sieht den Mann mit ganz anderen Augen. Er sieht einen von Gott geliebten Menschen. Und es geht Jesus nicht um Schuld, es geht um eine neue Perspektive: Was hat Gott mit diesem Menschen heute vor? Jesus nimmt die Jünger damit hinein in die Verantwortung: HEUTE könnt ihr etwas tun. Denkt nach vorne, nicht zurück! Bringt Licht in die Dunkelheit der Menschen!

Jesus schmiert einen Brei auf die Augen des Blinden und schickt ihn zum Teich. Der Blinde vertraut der freundlichen Stimme und steht auf. Unsicher tastet er sich durch die Gassen, wäscht sich am Teich und sieht plötzlich glasklar. Er kann nach vorne blicken. Doch das größere Wunder steht ihm noch bevor.

G **Herr, was kann ich heute für einen Menschen tun? Bitte hilf mir, diesen Menschen mit deinen Augen zu sehen und auf dich zu zählen. Amen.**

Antje Metzger

Schäm dich nicht!

Es ist der Moment, der alles verändert. Mit aufgerissenen Augen schauen sie einander entsetzt an und die Röte steigt ihnen ins Gesicht. Sie machen sich klein und suchen verzweifelt nach Schutz, während sie gleichzeitig mit ihren Händen versuchen, sich zu bedecken.

Adam und Eva sehen sich. So wie sie geschaffen wurden, so wie sie sich bisher tagein tagaus begegnet sind. Doch ab diesem Moment ist alles anders. Ihnen wurden die Augen geöffnet und sie schämen sich. Dafür, dass sie nackt sind. Deshalb verstecken sie sich auch vor Gott. Das Problem dabei ist: Das, was vorher gut war – der Mensch, wie er geschaffen ist – ist plötzlich schlecht. Das ist bis heute so geblieben. Wie oft habe ich mich schon geschämt. Für meinen Körper, meine laute Art, mein komisches Lachen. Für das, was Gott eigentlich gut und einzigartig geschaffen hat. Wir Menschen können mit der Tatsache, dass wir in gut und schlecht einteilen können, nicht umgehen. Wir neigen dazu, sie dafür zu missbrauchen, andere schlecht zu machen. Oder wir reden uns selbst klein und schämen uns für Dinge, die gut sind.
Das Schlimme daran ist: So bekommen wir nicht nur ein verzerrtes Bild von uns selbst. Oft führt dieses Bild dazu, dass wir uns, wie Adam und Eva, von Gott distanzieren. Weil wir uns dafür schämen, was und wie wir sind.

Plötzlich gingen beiden die Augen auf, und ihnen wurde bewusst, dass sie nackt waren. (1. Mose 3,7 Hfa)

Und was macht Gott? Er überwindet diese falsche Scham und wendet sich Adam und Eva liebevoll zu. Er näht ihnen Kleidung und macht Begegnung mit ihm möglich.

Wofür schämst du dich? Ich meine nicht die gesunde Scham, die deine Privatsphäre schützt. Ich meine die Scham, die dir einredet, dass du nicht gut genug bist. Gott nimmt sich dieser Scham an und überwindet sie am Kreuz. Wir dürfen schamlos in seine Gegenwart treten und uns sagen lassen: Du bist einzigartig und wunderbar gemacht!

►► **Befreit durch deine Gnade (LB1 137)**
►► **Chöre (LB2 126)**

Sabine Schmalzhaf-Sievers

Eine umwerfende Liebeserklärung

Da kommt jemand mit einer Frage zu Jesus. Einer von vielen. So könnte man meinen, angesichts der vielen Menschen, die Jesus umlagern. Doch es ist anders. Die Geschichte zeigt: Für Jesus ist dieser Mensch nicht nur einer von vielen. Jesus richtet seine ganze Aufmerksamkeit auf ihn.

Jesus sah ihn an. Er gewann ihn lieb und sagte zu ihm: „Eins fehlt dir noch: Geh los, verkaufe alles, was du hast, und gib das Geld den Armen. So wirst du einen Schatz im Himmel haben. Dann komm und folge mir!“
(Markus 10,21 BB)

Nicht nur der reiche Jüngling, wie er in der Geschichte genannt wird, wird von Jesus gesehen. Auch für uns ist Jesus der „Gott, der mich sieht“ (1. Mose 16,13 L). Jesus wendet sich uns zu. Er hört hin auf das, was wir ihm sagen und versteht unsere Anliegen. Wir sind angesehene Menschen.

Und dann die gute Nachricht, ein großes Glück: „Jesus gewann ihn lieb.“ Jesus gewinnt uns lieb. Jesus freut sich an dem reichen jungen Mann. Ebenso froh sieht er dich und mich an und hat uns lieb. Was für eine umwerfende Liebeserklärung. Jesus sieht hin. Er weiß, wer und was wir sind. Er kennt uns mit allen Hoch- und Tiefpunkten unseres Lebens. Er weiß. woran unser Herz hängt und wie unsere Haltung zu ihm ist. Er schaut uns, er schaut dich mit wohlwollenden Blicken an. Er steht ganz und gar auf deiner Seite. Aus Liebe ist er bereit, zu geben, was dir zum Leben und Glauben dient.

Die Liebeserklärung, die Jesus hier macht, erinnert an einen anderen bekannten Vers: „Also hat Gott die Welt geliebt ...“ (Johannes 3,16 L). Und wie bei jeder Liebeserklärung steht auch hier die Frage im Raum: Wie sieht es bei dir aus?

Dem jungen Mann macht Jesus einen Vorschlag, wie er reagieren könnte. Bei uns steht die Frage eher unausgesprochen im Raum: Wie reagiere ich auf diese wertschätzende Liebeserklärung? Zu welchen Vertrauensschritten lädt mich der liebevolle Blick von Jesus ein? Möchte ich antworten oder erst noch nachdenken?

▶▶ **You Say (LB2 113)**

Stephanie Schwarz

3. Durchschaut und im Gespräch.

Gott.
Du gehst mir unter die Haut.
Du hast mein Leben durchforstet.
Wie ein offenes Buch bin ich für dich.
Du liest meine Gedanken.
Ob ich in den Himmel klettere
oder mich in der Erde vergrabe – du bist da.
Für dich bin ich nie außer Sicht.
Flöge ich zum Horizont
würdest du mich in Minutenschnelle finden.
Nein, du würdest dort
wahrscheinlich schon auf mich warten.
Ehrlich gesagt:
Manchmal ist mir das alles zu viel.
Und es würde mir Angst machen –
wüsste ich nicht, dass es Liebe ist,
die da auf mich schaut.

Nach Psalm 139

3

Aus Liebe beeinflusst

Seit die Digitalisierung unseres Alltags zunimmt, ist vom „gläsernen Menschen“ die Rede. Damit ist gemeint, dass anhand von Daten (z. B. Kreditkarte, Smartphone-Standort) ausgewertet wird, was ich tue, wo ich bin, was mich interessiert. Basierend darauf werde ich bewertet und bekomme personalisierte Werbung, die mich beeinflussen soll. Diese Beeinflussung geschieht selten zu meinem Besten – viel mehr nutzt sie dem, der mich durch meine Daten „kennenlernt“. Um solche Daten zu generieren, muss ich selbst aktiv werden und zum Beispiel beim Einkauf die Kreditkarte nutzen.

Gott kann mein Tun auch auswerten. Er braucht dazu aber keine Daten, die er bewertet. Und ich muss nicht erst etwas tun oder nutzen, damit Gott mich kennenlernt. Er kennt mich schon längst. Und auch Gott will mich beeinflussen, mich lenken und leiten – meinen Weg, mein Tun, Denken und Fühlen. Doch bei ihm geschieht dies aus Liebe! Gott möchte mich beeinflussen, weil er nur das Beste für mich will! Er tut dies nicht zu seinem Vorteil, sondern zu meinem Vorteil. Deshalb darf ich seinem Wissen über mich trauen und mich auf seine Leitung für mein Tun verlassen. Er wird es gut mit mir meinen.

Herr, du hast mich erforscht und kennst mich genau. Ob ich sitze oder stehe: Du weißt es. Meine Absicht erkennst du von fern.
(Psalm 139,2 BB)

Ich muss keine Scheu vor Gott haben, weil er mich so gut kennt. Ich mache Fehler, aber Gott bewertet mich deshalb nicht. Ich muss mich meiner Fehler nicht schämen. Gott hat mir trotzdem einen freien Willen und Entscheidungskraft gegeben. Ich muss keine Angst haben, dass Gott mich auf eine falsche Spur führt. Er wird wissen, warum manchmal der steinigere Weg der bessere für mich ist. Aber ich will stets versuchen, Gottes Stimme zu hören, auch wenn sie oft leise und unaufdringlich ist. Dann kann ich aus seinem Wissen über mich und aus seiner Liebe für mich handeln.

M **Hört euch gemeinsam das Lied „Gib mir die richtigen Worte“ an (https://bit.ly/3wlIyLo).**

Claudia Siebert

Aufmerksam

Wenn wir fahren, lassen wir uns vom GPS leiten. Es wird gemessen, wo, wie und wie lange ich fahre. Ich bekomme Nachrichten, dass mein Kühlschrank Käse braucht und die Heizung startet, sobald ich mich meiner Wohnung nähere. Mein Smartphone hilft bei meiner Freizeit: heute Fitness, morgen Joggen. Meine Herzfrequenz wird mit der Smartwatch gemessen und Apps geben den Achtsamkeitsrhythmus vor. Roboter schreiben selbstständig Kommentare in sozialen Medien und andere Roboter pflegen unsere Alten. Ich kann mir ausrechnen lassen, welche Partei ich wählen sollte. Amazon schlägt mir Filme und Gewürze vor, denn keine Suchanfrage geht verloren.

Mein digitales „Ich“ ist unsterblich. Das Internet scheint wie Gott zu sein. Es besitzt die Eigenschaften, die man seit jeher eigentlich nur Gott zuschreibt: unsterblich, allgegenwärtig, allwissend.

Das Gebet in Psalm 139 ist getragen vom Vertrauen auf eine göttliche Aufmerksamkeit für uns. Diese Aufmerksamkeit ist mehr als das Wissen von Fakten. Im Psalm wird dieses Wissen an die Art und Weise, wie Gott unser Gott ist, gekoppelt – genauer gesagt: an Gottes Güte.

Der Unterschied zu dem, was und wie das Internet etwas weiß, besteht darin, dass Gott nicht nur weiß, sondern versteht. Dass er nicht nur versteht, sondern schützt. Nicht nur schützt, sondern selbst die Dunkelheit hell macht. Gott ist Geist, der mich umgibt. Der mit mir geht. Und das tröstet, ermutigt und verändert alles. Bei Gott bekommen wir es mit einer Aufmerksamkeit zu tun, die dir und mir gilt. Diese Aufmerksamkeit ist Gottes große Sehnsucht, uns aufzunehmen, kennenzulernen, auf uns zu warten und dabei zu sein, wie unser Weg auch verläuft. Aus dieser Sehnsucht heraus hat er uns überhaupt erst geschaffen – als sein Ebenbild.

Wohin könnte ich gehen vor deinem Geist, wohin fliehen vor deiner Gegenwart?
(Psalm 139,7 BB)

I

**Eine Visualisierung des Psalms findest du hier:
https://bit.ly/3wBSVLB**

Tobias Kenntner

7/24/365

„Im Dunkeln ist gut munkeln", sagt man. Stimmt diese Redensart? Sie unterstellt, dass wer heimlich und versteckt etwas tut, mehr Erfolgsaussichten hat als bei Tageslicht. Nach Psalm 139 dürfte das keinen Erfolg haben. Denn der Psalmbeter behauptet: Bei Gott gibt es keine Dunkelheit. Somit dürfte ihm nichts verborgen bleiben. Dann gibt es kein Entrinnen.

M **Macht dir dieser Gedanke Angst oder beruhigt er dich eher?**

Doch für dich ist die Finsternis nicht finster, und die Nacht leuchtet so hell wie der Tag: Finsternis ist für dich wie das Licht. (Psalm 139,12 BB)

Gott ist 24/7/365 da. Dieser Zahlencode steht für grenzenlose Erreichbarkeit: rund um die Uhr, Tag und Nacht, an jedem Tag der Woche und an jedem Tag des Jahres. Solchen Service bieten nur größere Gruppen oder Unternehmen – ein einzelner Mensch schafft das nicht. Es gibt nur einen, der das komplett abdecken kann: Gott. 24/7/365 ist er für uns da, um uns herum – bei Tag und bei Nacht, im Dunkeln wie im Hellen, im Licht und in Finsternis. Doch für Gott sind diese Kategorien nicht wichtig. Gott selbst braucht diese Struktur nicht. Er ist ja „always on" – immer da. Auf ihn ist immer Verlass. Er erhellt die finsterste Nacht – auch deine. Wo Gott ist, da ist das Licht (1. Johannes 1,5).

Der Psalmbeter stellt sich und sein Leben in dieses Licht. Von Gott fällt ein Licht auch auf dein Gesicht – von ihm legt sich kein Schatten auf dein Leben. Denn er meint es gut mit dir. Er ist ein Gott, der dich sieht, ansieht, dir Ansehen schenkt. Nicht nur, wenn es hell ist, sondern auch nachts, wenn die Gedanken kreisen und Angst aufsteigt. Gott ist da, 24/7/365 – an guten und an schlechten Tagen, Tag und Nacht, in unseren finstersten Stunden und hellsten Momenten. Und das macht mir keine Angst, sondern Mut.

G **Gott, zu dir rufe ich.**
In mir ist es finster, aber bei dir ist Licht
ich bin einsam, aber du verlässt mich nicht
ich verstehe deine Wege nicht,
aber du weißt den rechten Weg für mich. (Dietrich Bonhoeffer)

Matthias Rumm

Der Plan

Jung, authentisch, klug, humorvoll – David Norris ist ein Politiker, wie man ihn sich wünscht: einer, der wirklich etwas bewegen möchte. Bis er Elise begegnet. Die Tänzerin pfeift auf Regeln, liebt das Leben und lebt ganz für den Augenblick. Zwischen den beiden funkt es auf Anhieb. Doch wie es das Schicksal will, verliert David Elises Nummer – und die zwei sich aus den Augen.

Schnell wird klar: Nicht das „Schicksal" war dafür verantwortlich, sondern mysteriöse Männer mit Hüten. Sie agieren im Geheimen, haben übernatürliche Kräfte und folgen dabei dem Plan ihres mysteriösen Chefs, den alle nur den „Vorsitzenden" nennen. Dieser hat noch Großes für David im Sinn. Für die große Liebe – in diesem Fall: Elise – ist in diesem Plan aber kein Platz.

Irgendwann kommt David hinter das Geheimnis des „Planbüros" und muss sich entscheiden. Wem soll er folgen? Dem allwissenden Plan des Vorsitzenden – oder seinem Herzen?

Ich hatte noch keine Gestalt gewonnen, da sahen deine Augen schon mein Wesen. Ja, alles steht in deinem Buch geschrieben: Die Tage meines Lebens sind vorgezeichnet, noch ehe ich zur Welt gekommen bin.
(Psalm 139,16 BB)

Wenn alle unsere Tage in Gottes Buch vorgezeichnet sind – ist Gott dann etwa genau wie der Vorsitzende in dem Film „Der Plan"? Auf den ersten Blick scheint es so. Doch wenn man das ganze Gebet liest, wird klar: Es geht hier nicht darum, zu sagen, dass Gott unser ganzes Leben vorherbestimmt. Ja, er hat Gutes für uns und mit uns im Sinn. In der Bibel finden wir einiges darüber. Durch seinen Geist leitet er uns. Aber gleichzeitig traut Gott es uns zu, dass wir selbst Entscheidungen treffen. Er hat uns dazu geschaffen, selbst Verantwortung zu übernehmen und unser Leben und die Welt zu gestalten.

Dafür geben die Worte aus Psalm 139 uns eine Zusage: Keine noch so falsche Entscheidung katapultiert dich aus Gottes Buch. Ihn kannst du nicht enttäuschen! Deshalb: Trau dich! Lebe los!

M **Schaut gemeinsam den Film „Der Plan" (2011).**

Johannes Seule

Lebens-Dirigent

„Durchfahrt verboten." Und das auf „meinem" Radweg. Es grummelt in mir. Was soll denn da schon sein? Weiterradeln! Doch nach einem Kilometer heißt es: umdrehen und der Radumleitung folgen. Da war ein Hinweis, doch ich habe ihn nicht beachtet – im Glauben, es besser zu wissen. Bin ich im Leben oft so? Vermutlich. Ich achte nicht auf Hinweise, körperliche Signale und Gottes Wort, dass ich etwas ändern, einen anderen Lebensweg nehmen soll.

In Psalm 139 dankt David in einem Lobpreis Gott dafür, dass er ihn wunderbar gemacht hat und ihn durch Höhen und Tiefen begleitet. Er dankt dafür, dass Gott sein Lebenslied dirigiert.
Dieser Psalm stellt uns vor Augen, wie Gott jeden von uns sieht: einzigartig, als seine wunderbare Schöpfung! Das heißt nicht, dass wir vollkommen, fehlerlos, schuldlos sind. Aber wir sind gewollt und geliebt. Jede und jeder ist auf eigene Art wunderbar.
Gott kennt uns in- und auswendig. Er ist unbestechlich, aber voller Liebe. Und er will uns auf gute Wege lenken und darauf begleiten. Er will unser Lebens-Dirigent sein und jedes individuelle Lebenslied mitgestalten und mitführen.

Sieh doch, ob ich auf einem falschen Weg bin, und führe mich auf dem Weg, der Zukunft hat!
(Psalm 139,24 BB)

David bittet, dass Gott sein Leben ansieht und ihm hilft, es gut zu führen. Er vertraut Gott, dass sein Leben gut wird und einen Sinn und Ziel hat. So bekommt das Leben Perspektive – für die Zukunft auf Erden und für die Ewigkeit.
Das klingt auch für mich nach einem guten Lebensplan: Gott ist mein vertrauenswürdiger Lebens-Dirigent. Er hat immer wieder verschiedene Lebens-Lieder für mich parat. Ich werde nicht alle gut finden. Aber wenn ich mich darauf einlasse und auf ihn höre, dann wird Musik daraus. Vielleicht nicht immer „Allegro" (schnell), sondern auch mal langsam und getragen. Nicht immer in strahlendem Dur, sondern auch mal mit nachdenklichen Harmonien. Doch das gibt mir innere Ruhe und dafür will ich dankbar sein.

►► **Dankbar (LB1 24)**

G **Psalm 139, 1–6, 23+24 (LBG S. 151)**

Brigitte Kurzytza

4. Übersehen?

Gott – es reicht!
Du hast mich lange genug ignoriert.
Alles scheint dich zu interessieren – nur ich nicht.
Ich schlage mich herum mit tonnenschweren Sorgen.
Nur beim Gedanken an meine Probleme
dreht es mir den Magen um.
Lange genug schauen die anderen auf mich herab.

Schluss damit!
Sieh mich an, Gott! Schau mir endlich ins Gesicht!
Ich will dem Leben ins Auge blicken.

Ich habe alles riskiert, mich kopfüber ins Nichts gestürzt,
mitten hinein in deine Arme.
Ich feiere es, dass du mich gerettet hast.
Ich singe, so laut ich kann.
So viele erhörte Gebete –
ich platze fast vor Freude.

Nach Psalm 13

4

Schau mich endlich an!

Das Gefühl, übersehen zu werden, kennt vermutlich jeder und jede von uns. Wer es bereits erlebt hat, weiß, wie verletzend das sein kann. Denn der Wunsch, von anderen gesehen zu werden, gehört zum Menschsein dazu.

Da wurdest du einfach nicht gefragt, ob du beim Konzert mit dabei sein willst. Oder du bist die einzige Person, bei der sich der Jugendreferent nicht bedankt hat, obwohl du doch so viele Aufgaben in der Gemeinde übernimmst. Von anderen nicht wahrgenommen zu werden, kann verletzen und sogar tiefe Kerben in Beziehungen und Freundschaften schlagen.

Sieh mich doch wieder an, Herr! Gib mir Antwort, du mein Gott! Mach es wieder hell vor meinen Augen, damit ich nicht in Todesnacht versinke! (Psalm 13,3 GNB)

Es ist das eine, wenn man von Menschen übersehen wird. Was aber, wenn du den Eindruck hast, dass der Schöpfer der Welt dich nicht mehr sieht? Wenn der Gott Abrahams, Isaaks und Jakobs sich nicht mehr bemerkbar macht und dich auch in deinen dunkelsten Stunden plötzlich alleine lässt?

Um eine solche Erfahrung geht es im Psalm 13. Der Beter David hat das Gefühl, dass Gott ihn übersieht, dass er sich von ihm abgewendet hat und ihm in der größten Not nicht zur Hilfe eilt. David legt all seine Verzweiflung in dieses kurze, flehende Gebet. Ihm ist es wichtig, seine Wut nicht bei sich zu behalten, sondern seiner Klage eine Adresse zu geben: Gott.
Vielleicht hast du so ein Gebet auch schon einmal an Gott gerichtet und vor ihm all die Wut und Traurigkeit herausgelassen. Das Gute und Tröstliche daran ist, dass Gott dich in deiner Not hört und sieht. Selbst, wenn du das Gefühl hast, dass Gott ausgerechnet für dich gerade keine Zeit hat. Er sieht dich und fühlt mit dir, weil er selbst alles Leid am Kreuz getragen hat. Er weiß um deine finsteren Täler, weil er selbst schon hindurchgegangen ist.

M **Bete den ganzen Psalm 13 – oder auch Psalm 22!**

▶▶ **Höre mich (DL2 183)**

Maximilian Mohnfeld

Grüne Ampeln

Am Ende des Laubhüttenfestes feiern unsere jüdischen Geschwister das Fest der Thorafreude, Simchat Thora. Mit diesem Fest endet der Lesezyklus eines Jahres. Alle Thorarollen – das sind die fünf Bücher Mose – werden aus dem Schrein geholt und in einem festlich-fröhlichen Umzug siebenmal durch das Gebetshaus getragen.

Von den Kindern bis zum ältesten Greis tanzen alle mit und freuen sich am Geschenk der Thora. Süßigkeiten und Früchte werden großzügig verteilt. Dann wird die Schriftrolle wieder an den Anfang gerollt und das neue Thorajahr beginnt mit der Lesung vom Anfang der Welt.

Öffne mir die Augen, dass ich sehe die Wunder an deinem Gesetz.
(Psalm 119,18 L)

Im 119. Psalm besingt der Beter in 176 Versen seine Erfahrungen mit der Thora. Sie ist für ihn ein Wunder, ein Zeichen der Fülle und des Lebens. Gott stellt sein Volk und damit jeden Einzelnen unter eine „gute und heilige Ordnung“ und überlasst sie nicht ihrem eigenen, manchmal „törichten“ Begehren. Für „Thora“ verwendet er ganz verschiedene Bezeichnungen. Er redet vom Wort, dem Spruch, dem Zeugnis, der Weisung, den Satzungen, Befehlen und Ordnungen und öffnet damit das ganze Panorama ihrer Wirkungen. Es geht nicht um einengende Regeln, sondern um die Erinnerung an Gottes Handeln an den Vorfahren, das täglich neu erfahrbar wird. Die Thora ist für ihn der „Baum des Lebens“, der Zukunft und Hoffnung garantiert.

Zugleich kennt er die lähmenden Alltagserfahrungen, die seine Sichtweisen einengen. Deshalb bittet er um geöffnete Augen, um die Wunder des Handelns Gottes mitten in bedrängenden Situationen nicht aus dem Blick zu verlieren. Das kann nur Gott selbst an ihm tun. „Augen auf“ gilt nicht nur im Straßenverkehr, sondern auch auf dem Weg der Nachfolge, auf dem nicht alle Widersprüche und Fragen aufgelöst und beantwortet werden. Erinnerungen an gute Zeiten und die Verheißungen Gottes sind wie grüne Ampeln, die uns mutig weiter durch das Leben gehen und hoffentlich auch manchmal tanzen lassen.

▶▶ **Öffne meine Augen (EG 176)**

Alma Ulmer

Gott im trockenen Kraut

Wer bin ich? Und wer bist du, Gott? Zwei Fragen, eine Geschichte. Mose vor dem brennenden Dornbusch. Er ist neugierig, zieht seine Sandalen aus. Heilig der Boden, intim die Situation. Ich ziehe meine Schuhe aus, wo ich als Gast zu Hause bin. Barfuß spüre ich das Verbundensein mit dem Boden. Der Mensch (hebräisch: „adam") Mose barfuß auf dem Erdboden (hebräisch: „adama").

Der Dornbusch gilt als wertlos und unbrauchbar. Trockenes Kraut in der Wüste. Er steht für Israels Not. Und für Moses Scheitern. Aus eigener Kraft wollte er das Volk retten. Im Zorn beging er Unrecht, erschlug einen Ägypter, musste fliehen. Statt am Hof des Pharaos – Wüste. Nun der brennende Dornbusch: Im Scheitern entdeckt Mose Gott. „Wer bist Du, Gott?" Die Antwort: „Ich bin einer, der dich sieht, der die Not hört und der das Elend erkennt." Gott im Dornstrauch ist nach jüdischer Auslegung ein Zeichen: Gott leidet mit. Und Hinweis auf den Gottesnamen: „Ich bin da, ich bin mit dir!"

Und der HERR sprach: Ich habe das Elend meines Volks in Ägypten gesehen, und ihr Geschrei über ihre Bedränger habe ich gehört; ich habe ihre Leiden erkannt.
(2. Mose 3,7 L)

Gott ergreift Partei, und sein Name ist Programm. Mose wird berufen. Die unterdrückten Israeliten soll er befreien. Bilder wie aus der Tagesschau: Elend, nicht mit anzusehen, Geschrei, nicht mit anzuhören! Mose soll es richten, doch ohne politische Macht. Er braucht eine Legitimation, wenn er beim Pharao auftritt. Er muss erklären, welche Macht ihm zur Seite steht. Mose geht gestärkt. „Er empfängt nicht einen ‚Inhalt', sondern eine Gegenwart – eine Gegenwart als Kraft." (Martin Buber)

G Gott, wie oft überschätzen wir uns.
Wollen das Leben aus eigener Kraft gestalten.
Erzwingen Veränderungen, die uns und anderen nicht guttun.
Wir bitten dich: Lenke unsere Gedanken und Blicke auf dich.
Du bist unsere Stärke und Kraft. Du gibst Mut zum Handeln.

M Barfuß stehe ich im Freien.
Ein Blatt Papier, ein Stift.
Und die Fragen: Wer bin ich? Und wer bist du, Gott?

Hans-Joachim Janus

Gottverlassen

Verlassen sein – etwas vom Schlimmsten, was einem Menschen passieren kann! Schreien – aber es ist keine Hilfe in Sicht! Einsamkeit – das schmerzt unendlich und tut so weh!

Viele Menschen mussten während der Coronazeit alleine sterben, weil niemand zu ihnen durfte.
Viele Menschen sterben alleingelassen auf einem Schlachtfeld im Kriegsgebiet.
Jesus stirbt – von seinen Freunden im Stich gelassen, dem Spott seiner Mörder ausgesetzt. „Mein Gott, warum?"

M **Wo hast du dich in deinem Leben schon völlig verlassen gefühlt? Von Menschen – und auch von Gott?**

Mein Gott, mein Gott, warum hast du mich verlassen?
(Markus 15,34b L)

Es ist schlimm, von Gott verlassen zu sein – obwohl er doch versprochen hat, immer bei mir zu sein! Warum spüre ich Gott nicht? Warum, mein Gott, warum?

Jesus schreit es hinaus in die Dunkelheit des Karfreitags. Auch wir dürfen es hinausschreien in unsere Dunkelheit. Klagen ist erlaubt. Schreien ist erlaubt. Zweifeln ist erlaubt. Und es ist gut, wenn wir unsere Klage direkt an Gott adressieren.

Jesus benutzt Worte aus Psalm 22. Dieser Psalm kennt neben Gottverlassenheit auch das Vertrauen und die Hoffnung auf Rettung, die Gewissheit der Zukunft, die bei Gott liegt. Es tut gut, sich in solchen Notsituationen daran zu erinnern, wie Gott schon geholfen hat. Ja, es gibt Situationen, wo wir uns von Gott verlassen fühlen – aber es gibt auch die Hoffnung und die Gewissheit, dass Gott nah ist, in allen deinen Lebenssituationen, auf deinem ganzen Lebensweg. Und wenn du das nicht mehr glauben und nicht mehr beten kannst, dann lass andere für dich glauben und beten. Begib dich gerade dann in die Gemeinschaft mit andern Christen und lass dich tragen und durchtragen.

Seit Ostern wissen wir: Jesus ist nicht im Tod geblieben. Er ist auferstanden. Am Ende steht sein Versprechen: „Ich bin bei euch alle Tage!" Darauf kannst du dich verlassen.

▶▶ **Ich verlass dich nicht (LB1 1)**

Johannes Büchle

Der Ast, auf dem alle sitzen

Ich mag Tiere. Sie sind eine Bereicherung für unser Leben und ich beobachte sie gerne. Egal, ob in freier Wildbahn hier bei uns, auf Reisen oder im Zoo – ich könnte stundenlang den Tieren zuschauen und bin fasziniert von der Vielfalt der Arten. Und ich bin erstaunt, wie ähnlich die Tiere uns Menschen in ihrem Verhalten oft sind.

Aber das ist auch logisch, sind wir doch alle von einer Hand geschaffen. Deshalb ist es auch nicht verwunderlich, dass der 104. Psalm die ganze Schöpfung als eine Einheit sieht. Er ist ein wunderschönes Loblied auf diese Welt und alles, was auf ihr lebt. Es empfiehlt sich, einmal den ganzen Psalm in Ruhe zu lesen. Da wird kein Unterschied gemacht zwischen Menschen und Tieren. Beide sind Geschöpfe Gottes, beide leben in dieser Welt, ergänzen sich und sind voneinander abhängig. Und beide sind Teil eines hochkomplexen Ökosystems, das Gott ursprünglich sehr gut geschaffen hat und von dem alles Leben auf dieser Welt abhängig ist. Nur wenn die Jahreszeiten, beziehungsweise Sonne und Regen und Kälte und Wärme in einem guten Verhältnis stehen, sind Ernte und Saat möglich. Das wiederum ist die Grundvorrausetzung für das Überleben aller Lebewesen.

Mensch und Tier halten Ausschau nach dir, damit du ihnen Essen gibst zur richtigen Zeit.
(Psalm 104,27 BB)

Doch der Mensch, der sich in der Geschichte immer wieder gern selbst zu einem Schöpfer aufspielt, ist seit Jahrzehnten dabei, dieses Gleichgewicht, diese empfindliche Schöpfung systematisch zu zerstören. Damit entzieht er sich, aber auch den Tieren die Lebensgrundlage.

Das ist schlimm. Gerade als Christen sollten wir alles tun um die Schöpfung zu bewahren. Denn, wer die Schöpfung missachtet, der missachtet den Schöpfer selbst. In diesem Sinne: Lasst uns bewahren, was uns geschenkt ist, damit wir auch in Zukunft noch Tiere in ihrer Vielfalt erleben können. Und dass auch wir selbst in Zukunft noch eine Welt zum Leben haben.

▶▶ **Danke (LB1 23)**

Markus Röcker

Erwischt!

Du hast etwas angestellt, hast gehofft, dass es gut geht. Aber du wurdest ertappt. Mist. Du hast dir gewünscht, dass das, was du getan hast verborgen bleibt – dein Geheimnis. Aber nun ist es bekannt. Der Scheinwerfer ist auf dich gerichtet. Du wurdest erwischt!

Kennst du so eine „Erwischt"-Situation und das unangenehme Gefühl, im Scheinwerferlicht zu stehen? Als Kind am Süßi-Schrank, als Teenie beim Rauchen, als Erwachsener ...

M

Wenn es in eurer Gruppe passt: Erzählt euch eure „Erwischt"-Geschichten.

Manche Menschen fühlen sich erwischt, wenn sie Gott begegnen. Von Jesus wird gesagt, dass er das Innerste der Menschen genau kannte. Jesus kennt dich genau. Die Vorstellung kann durchaus unangenehm sein. Denn damit kennt Jesus auch dein Herz, deine Gedanken, was du getan hast. Vielleicht würdest du manches davon lieber vor Jesus verstecken, weil du weißt, dass es einem Kind Gottes nicht entspricht. Entscheidend ist aber, wer auf dich schaut: Ist es ein Ankläger? Ein erbarmungsloser Richter? In der Bibel lernen wir Jesus anders kennen. Er ist der Gott, der die Menschen liebt, der dich liebt, der dich sucht und dir vergeben will. Er kennt deine Geheimnisse, die Brüche in deinem Leben. Für ihn ist das aber nicht das Ende, sondern der Anfang. Deine Schattenseiten machen ihm keine Angst. Die Abgründe deiner Seele musst du nicht vor ihm verstecken.
Ganz im Gegenteil: du darfst sie ihm bringen. Deshalb kannst du ehrlich sein und dich mit allem, was zu dir gehört, in seine Arme fallen lassen! Ein schlechtes Gewissen belastet. Bei Jesus darfst du es dir von der Seele reden. Spürst du die Freiheit, die dadurch entsteht? Das ist frohe Botschaft!

Er hatte es auch nicht nötig, dass ihm jemand Auskunft über die Menschen gab. Denn er selbst kannte das Innerste der Menschen genau. (Johannes 2,25 BB)

M

Nimm dir vor dem nächsten Gottesdienst 15 Minuten Zeit. Überlege, was du dir von der Seele reden willst und lass dir dann Gottes Vergebung zusprechen.

Valerian Grupp

Kirche? Niemals!

„Ich war noch nie in einer Kirche und werde niemals in eine Kirche gehen!“ Diese Antwort kam von unserem Gitarristen Michael wie aus der Pistole geschossen, als wir im Frühjahr 1997, kurz nachdem wir Ten-Sing-Seelow gegründet hatten, unseren allerersten Auftritt bei einer Veranstaltung planten. Andere fragten „Wo gibt es in Seelow bitte eine Kirche?“

Gott der Herr sieht alles und wird sich unser ganz gewiss erbarmen.
(2. Makkabäer 7,6a L)

Der Kirchturm wurde 1945 von den Deutschen gesprengt, um nicht als Angriffsziel zu dienen. Doch das Kirchenschiff stand mitten in der Stadt auf dem Marktplatz. Das wussten die meisten Ten-Singer aber nicht, da sie noch nie Berührung mit Kirche gehabt hatten. Als junger CVJM-Sekretär, der in Süddeutschland in einem christlichen Elternhaus aufgewachsen war, wurde mir vor Augen geführt, dass ich meine persönlichen Erfahrungen und Vorstellungen nicht übertragen kann und darf. Gleichzeitig hat mich das sehr herausgefordert, oft überfordert.

Bei der nächsten Probe: „Michael, wir brauchen Dich. Könntest Du vielleicht doch in der Kirche spielen?“
Er: „Georg, meine Eltern waren noch nie in einer Kirche und meine Großeltern zuletzt als Kinder. Ich bin überzeugter Atheist und werde es auch bleiben und nie in eine Kirche gehen!“

Michael war ein Jahr lang bei Ten Sing. In der Kirche hat er nicht gespielt, aber bei unserem ersten Konzert in der Schule. Er war ein genialer Gitarrist und ein liebenswerter Mensch. Nach seinem Abitur ging er zur Bundeswehr und wir haben uns aus den Augen verloren.

Eines Tages tauchte er wie aus dem Nichts bei uns auf. Bei der Bundeswehr hatte er CVJMer aus Sachsen kennengelernt, die ihn zu einer Freizeit mitnahmen. Dort hat Gott sein Herz berührt. Nun lässt er sich taufen. Als ich das hörte, liefen mir Tränen übers Gesicht. Es stärkte mich darin, die Arbeit weiter treu zu tun und zu vertrauen: Gott sieht jeden einzelnen. Er tut Wunder und kann sich auch über den überzeugtesten Atheisten liebevoll erbarmen.

▶▶ **Du hast Erbarmen (FJ1 107)**

Georg Rühle

5. Ansehnlich und anschaulich.

Ich könnte ewig bei dir stehen bleiben.
Den Blick fest auf dich gerichtet.
In Staunen und Anbetung.
Doch du hast noch Größeres mit mir vor.
Meine Augen hingen an dir.
Nun folgen sie der Richtung deines Blicks
und sehen, was dir vor Augen steht.

Leite mich mit deinen Augen.
Lenke meinen Blick.
Riskant.
Altbekanntes werde ich plötzlich anders sehen.
Du wirst mich überraschen –
vielleicht öfter, als mir lieb ist.
Auf deinem Weg für mich.

5

Wie beim Fahrradfahren

Morgen kann kommen. Wir machen den Weg frei. Mit Zuversicht können wir alles schaffen. Ihr fragt nach der Zukunft und antwortet mit Zuversicht. Eure Bank. Solche Sätze bleiben hängen. Zukunftsorientiert, optimistisch, dynamisch.

Auch der Bibelvers aus dem Buch der Sprüche ist so ein Satz. Er kann eine Leitlinie sein. Dabei gibt er uns zwei wichtige Impulse:

1. Die Richtung

Sind wir mit dem Fahrrad unterwegs, sagt mein Sohn immer: „Wir müssen alle nach vorne schauen. Wenn ich zur Seite schaue, haut es mich hin." Da hat er Recht. Auch Gott sagt hier: „Lass dich nicht ablenken!" Unsere Augen schweifen den ganzen Tag umher. So viele Bilder strömen auf uns ein. Mit dem Handy und dem Tablet in der Hand sitzen wir vor dem Fernseher. Wir sind ständig abgelenkt. Vergleichen wir uns pausenlos mit anderen oder suchen nur nach neuen Trends, verlieren wir die Richtung. Gott rät uns: „Richte die Augen auf den Weg mit Jesus!"

Lass deine Augen geradeaus blicken! Richte deinen Blick auf das, was vor dir liegt!
(Sprüche 4,25 BB)

2. Die Zielorientierung

Den Blick auf das zu richten, was vor uns liegt, ist gar nicht so leicht. Wie oft beschäftigen wir uns mit unserer Vergangenheit. Streit, Fehlern oder auch Heldentaten hängen wir noch ewig nach. Doch am besten lernt man Fahrradfahren, wenn man einen Punkt in der Ferne fixiert und dann losfährt. Gott macht uns Mut: „Lebe im Jetzt mit dem Blick nach vorne! Ich gehe mit und halte dich, wenn du stolperst!" Eigentlich spricht er uns wie in der Werbung zu: Morgen kann kommen. Ich mache den Weg frei. Mit Zuversicht können wir alles schaffen. Du fragst nach der Zukunft und ich antworte mit Zuversicht. Dein Gott.

M **Geht draußen auf einer freien Fläche so gerade wie möglich auf ein Ziel zu: 1. Mit geschlossenen Augen, 2. mit dem Kopf zur Seite gedreht und 3. mit den Augen fest auf dem Ziel. Bemerkt ihr einen Unterschied?**

▶▶ **Wege vor mir (LB1 122)**
▶▶ **Nur auf Christus (LB2 14)**

Ann-Kathrin Hartter

Mal angenommen

Ich erinnere mich an eine schmerzvolle Begebenheit während meiner Ausbildung zum Metallbauer. Beim Flexen flog mir ein kleiner Metallsplitter ins Auge. Ich bat meinen Kollegen, sich das Auge anzusehen und den Splitter zu entfernen. Obwohl er sich Mühe gab, konnte er nichts finden. Letztlich saß ich beim Augenarzt, der den Splitter fachmännisch entfernte und mich von meinen Schmerzen befreite.

Mit dieser Erfahrung im Hinterkopf wird die Frage von Jesus entlarvend: „Warum siehst du jeden kleinen Splitter im Auge deines Bruders ...?" Die ehrliche Antwort müsste lauten: „Weil ich krampfhaft danach suche!"

„Warum siehst du jeden kleinen Splitter im Auge deines Bruders, aber den Balken in deinem Auge bemerkst du nicht?"
(Lukas 6,41 HfA)

Wenn wir einem anderen Menschen auf Augenhöhe begegnen, können wir nicht ohne Weiteres einen Splitter in seinem Auge sehen. Erst die bewusste Suche kann dazu führen, dass wir etwas entdecken. Sicherlich gibt es unterschiedliche Gründe, die uns dazu veranlassen, Schwächen und Defizite bei anderen zu suchen. Nicht nur im politischen Wahlkampf, sondern auch in der Schule und am Arbeitsplatz ist es eine beliebte und weitverbreitete Taktik, die kleinen Splitter anderer so stark zum Thema zu machen, dass dadurch von eigenen Schwächen abgelenkt wird. Auf Kosten anderer wird versucht, den Balken im eigenen Auge auszublenden.

Mal angenommen, das müsste nicht so sein. Weder Balken noch Splitter müssten verdrängt werden. Wäre es nicht großartig, wenn christliche Jugend- und Gemeindearbeit dafür bekannt wäre, dass Menschen hier mit ihren Schwächen, ihrem Leiden und ihren Begrenzungen Raum haben? Christliche Gemeinschaft als safe space, der dabei hilft, vor sich selbst, vor anderen und vor Gott ehrlich zu sein – weil Christus gegenwärtig ist. „Die Kirche ist ein Krankenhaus für Sünder, kein Museum für Heilige." Ein Ort für Menschen mit Splittern und Balken. Ein geeigneter Platz für dich und mich!

M **Feiert gemeinsam Abendmahl!**

Björn Büchert

Gehört und gesehen

Wovon reden eigentlich all die Jugendreferentinnen, Pfarrer, Diakoninnen und Mitarbeitenden in der christlichen Jugendarbeit? Wie viele Verfasser der biblischen Bücher, wie du und ich, werden sie Jesus selbst nicht gesehen und gehört haben, oder!?

Auf diese Frage hin können wir unseren Glauben ehrlich, mit all seinen Höhen, Tiefen, in all seiner Schönheit bezeugen.
Denn was wir sehen und hören können ist das, was der lebendige Gott, was Jesus Christus in Menschen bewirkt hat und bis heute wirkt.

Wenn Menschen Jesus erleben, ihm begegnen, verändert das nicht selten ihr Leben. Blickwinkel ändern sich. Seelische Verletzungen werden heil. Wo man sich Mitmenschen, Familie oder Freunden gegenüber falsch verhalten hat und sich schuldig fühlt, erfährt man bei ihm Gnade und Vergebung. Menschen kommen zum Glauben an ihn und das verändert ihr ganzes Leben.

Von all dem wüssten wir, du und ich, nichts, hätten uns nicht Menschen die Geschichten erzählt, die Gott mit ihrem Leben geschrieben hat.
Verrückte Geschichten.
Lebensläufe, die selten gerade und immer „perfekt" verliefen.
Wir haben gehört und gesehen, bis heute, wie Jesus uns in diesen Menschen begegnet, uns durch sie ruft, uns Frieden zuspricht, uns Vergebung erfahren lässt.

Was wir gesehen und gehört haben, das verkündigen wir.
(1. Johannes 1,3 BB)

Es sind die Jugendreferentinnen, Pfarrer, Diakoninnen und Mitarbeitende unserer christlichen Jugendarbeit. Bei manchen von uns sind es Eltern, Geschwister, Omas und Opas.
Der Opa meiner Frau ist blind und gehörlos, dennoch spricht er immer wieder von Gott. Er hört und sieht Jesus anders, auf seine Weise.
An Ostern spricht er uns zu: „Jesus lebt! Mit ihm auch ich!" Es ist, was er in seinem Leben trotz Handicaps erfahren hat. Es ist etwas, was er zutiefst glaubt, wovon sein Herz voll ist! Er kann es nicht für sich behalten. Sein Erlebtes teilt er.
Wo erlebst du Jesus? Wo, wann, wie teilst du es mit anderen und wirst so selbst zu einem Menschen, der verkündigt?

►► **Höher (LB2 168)**

Christian Bernard

Das Unheil nimmt seinen Lauf

Zwei Brüder bringen ihrem gemeinsamen Gott ein Dankopfer dar. Aber nur das von Abel, mit tierischen Produkten, wird von Gott akzeptiert. Ist es damit Gottes Schuld, dass das Unheil seinen Lauf nimmt und der erste Mord in der Bibel – ein Brudermord – geschieht? Oder hat Kain in seiner Enttäuschung und seinem Zorn auf Gott immer noch die Wahl, sich für das Gute oder das Böse zu entscheiden? Versöhnung in der Kränkung – oder Neid, Gewalt, Mord?

Das Undenkbare geschieht: Kain stellt seinem Bruder eine Falle und bringt ihn um. Gott stellt Kain zur Rede. Doch anstatt nach dem Motto „Auge um Auge" zu verfahren, verbannt er Kain und stellt ihn gleichzeitig mit dem Kainsmal unter seinen Schutz. Niemand darf ihn anrühren oder gar töten. Ein unbegreiflicher Gott, der scheinbar eine besondere Ansicht zum Thema Gerechtigkeit hat.

Der Herr fragte Kain: „Warum bist du so zornig, und warum blickst du zu Boden?" (1. Mose 4,6 BB)

Und heute? Im Frühjahr 2022 ermorden russische Soldaten bei einem verbrecherischen Angriffskrieg tausende Menschen aus ihrem Geschwistervolk, der Ukraine. Wieder entscheiden sich Menschen – sogar mit dem Segen ihrer Kirche – für das grundlegend Böse und gegen Gottes Willen. Denn „Krieg soll um Gottes Willen nicht sein" (aus der Gründungsveranstaltung des Ökumenischen Rates der Kirchen 1948). Und die Weltgemeinschaft hat keine wirkungsvollen Möglichkeiten, einen solchen Wahnsinn zu stoppen.

Hilft da nur noch das Hoffen auf ein Wunder und Friedensgebete? Wie sieht es hier aus mit Gottes Gerechtigkeit für Täter und für ihre Opfer? Ich bleibe da ratlos zurück.

M **Wie sieht für dich in der heutigen Zeit Gottes Gerechtigkeit aus?**

►► **Hevenu schalom alejchem – Wir wünschen Frieden euch allen (EG 433)**

Harald Kraus

Tat-Ort

Plötzlich – ein Unfall auf der Autobahn. Der Verkehr stockt. Die Blechlawine schlängelt sich an der Unfallstelle vorbei. Die Blicke wandern hinüber. Was gibt es da zu sehen? Was ist da passiert? Kaum jemand kann sich dieser Reaktion entziehen. Einige werden helfen, die meisten ziehen weiter. Nur schlimm, dass es dabei oft nicht bleibt. Gaffend werden einige das Smartphone zücken und entwürdigend das Leid der Betroffenen festhalten.

Nun kam zufällig ein Priester denselben Weg herab. Er sah den Verwundeten und ging vorbei.
(Lukas 10,31 BB)

Wie verhältst du dich in einer solchen Situation? Hältst und packst du sofort an? Oder wägst du ab, ob du den Reiseplan zugunsten der Hilfe aufgibst? Oder gehörst du zu jenen, die sich einreden, dass da sicher andere helfen werden und sie deshalb guten Gewissens weiterfahren können? Oft fällt die Entscheidung unterbewusst in Sekundenschnelle – auch wenn danach ein Gefühl der Unsicherheit bleibt. Gerade die Momente, in die wir „zufällig hineingeraten", fordern uns heraus. Ob es ein Unfall ist, eine Handgreiflichkeit oder offensichtliches Mobbing. Schauen wir hin? Was sehen wir? Wie reagieren wir?

Diese hässlichen Seiten gehören zu unserem Leben: die Tat-Orte, wo Menschen verletzt werden, wo Menschen Hilfe brauchen. Hier ist nicht nur unser Blick entscheidend, sondern unsere Tat gefragt. Hier wird Nachfolge konkret. Darauf weist uns Jesus mit dem Gleichnis vom Barmherzigen Samariter hin, indem er seine Zuhörer schockiert. Er spiegelt uns unsere Angst und Unfähigkeit. Er zeigt: Die, die es eigentlich kapiert haben sollten, erkennen zwar das Leid, aber wenden sich vom Nächsten ab. Geht es dir auch manchmal so? Wo lässt du Menschen links liegen, obwohl du genau weißt, dass sie Unterstützung und Zuwendung brauchen?

M **Übe den Blick auf die Mitmenschen ein. Notiere, wem du heute begegnet bist. Welche Not hast du erkannt? Bete fokussiert für jede Person. Wiederhole das 14 Tage am Stück. Was entdeckst du bei dir?**

Henrik Struve

Ich sehe was, was du nicht siehst

„Ich sehe was, was du nicht siehst, und das ist – blau!"
Dieses Ratespiel habe ich als Kind gern mit meinen Geschwistern gespielt. Wir haben uns irgendein Ding in einer bestimmten Farbe ausgesucht, und die anderen mussten herausfinden, welcher Gegenstand gemeint ist. Was hat die oder der andere im Blick? Es ist wichtig, gut hinzuschauen!

Gut hinschauen – darum geht es auch in diesem Bibelvers. Aber hier sind nicht unsere normalen Augen gemeint. Um „erleuchtete Augen des Herzens" geht es. Gott selbst will uns diese Augen des Herzens, diesen neuen Blick schenken.

M **Überlege kurz: Was ist mit „Augen des Herzens" gemeint? Was können „Augen des Herzens" sehen, was unsere normalen Augen nicht sehen?**

- Augen des Herzens nehmen Licht in dunklen Situationen wahr.
- Augen des Herzens erkennen die Spuren von Gottes Segen in unserm Leben.
- Augen des Herzens strahlen, weil das Licht der Auferstehung auf sie fällt.
- Augen des Herzens sind offen für andere Menschen und erkennen, was Gott in sie hineingelegt hat.

Und er gebe euch erleuchtete Augen des Herzens, damit ihr erkennt, zu welcher Hoffnung ihr von ihm berufen seid.
(Epheser 1,18a L)

In einem berühmten Satz von Antoine de Saint-Exupéry heißt es: „Man sieht nur mit dem Herzen gut. Das Wesentliche ist für die Augen unsichtbar." Mit dem Herzen, beziehungsweise mit Augen des Herzens sehen – das können wir, wenn wir von Gott eine neue Perspektive bekommen. Unser Gott ist ein Mutmacher und Hoffnungsschenker. Er ist da, wenn wir in Situationen kommen, in denen wir verzweifelt oder mutlos sind. Ich kann mir vorstellen, dass Gott dir und mir dann zulächelt und sagt: „Ich sehe was, was du nicht siehst, und das ist – neue Hoffnung."

►► **Alle Augen auf dich (LB2 21)**

Ursel Braun

Wegweisung

Wann hast du das letzte Mal „Topfschlagen" gespielt? Vielleicht in der Jungschar? Einem Spieler werden die Augen verbunden. Er muss mit einem Kochlöffel einen umgedrehten Topf finden. Wenn es die Mitspieler gut meinen, helfen sie mit Tipps, andernfalls führen ihre Zurufe in die Irre. Je nach Raum kann es ziemlich herausfordernd sein, den Topf zu finden. Verwirrung und blaue Flecken sind vorprogrammiert.

Das kenne ich aus meinem Leben. Orientierung erfordert verständliche Wegweisung. Denn ich will heil am Ziel ankommen. Nur bin ich leider immer wieder die „blinde Kuh", die den Weg nicht sieht oder das Ziel aus den Augen verliert. Was hilft? Eine passende Wegbeschreibung? Gute Tipps? Freunde, die mir helfen, das Ziel zu finden? Das alles ist sehr hilfreich. Noch besser ist es aber, wenn mich jemand an die Hand nimmt und führt.

Ich will dich unterweisen und dir den Weg zeigen, den du gehen sollst; ich will dich mit meinen Augen leiten. (Psalm 32,8 L)

Genau das verspricht Gott. Er will dir Orientierung geben. Er will dich leiten. Aber vor allem bietet er dir an, dich an die Hand zu nehmen und dir den Weg zu zeigen. Er will dich mit seinen Augen leiten. Mit Augen der Liebe. Mit Augen, die den Überblick haben. Mit Augen, die das Ziel kennen.

Jesus Christus sagt, er sei der Weg. Mit Jesus zeigt Gott dir den Weg, den du getrost gehen kannst. Weil er dich zum Vater führt. Lass dich von ihm leiten. Folge Jesus nach. Werde ihm ähnlicher und tu das, was er geboten hat. Du darfst nach dem Weg fragen. Jesus nimmt dich gerne an die Hand. Dann wirst du mit seinen Augen sehen und dort sein, wo Gott dich haben will. Im Leben und in der Ewigkeit.

G **Herr Jesus, danke, dass du der Weg zu Gott bist. Danke, dass ich diesen Weg gehen kann. Danke, dass du mich leitest.**

M **Orientierungsspiele kann man nicht nur in der Jungschar spielen. Versucht es doch mal mit „Topfschlagen", einem Hindernisparcour mit verbundenen Augen oder Geocaching.**

▶▶ **Du bist der Weg (FJ1 160)**

Paul-Gerhard Stäbler

6. Perspektiven.

Weil wir manchmal …

erst im Rückspiegel klar sehen.

erstmal durch die Augen eines anderen
schauen müssen.

jemanden brauchen, der vorbeikommt
und genau hinschaut.

die Erinnerung brauchen,
dass Gott uns neu macht.

das Weite suchen
und der Wahrheit ins Auge schauen müssen.

Bis wir dich
von Angesicht zu Angesicht
sehen.

6

Im Rückspiegel

Im Rückspiegel erkenne ich Gefahren, die ich sonst übersehen würde: Die Radfahrerin im toten Winkel oder das Fahrzeug, das mich überholen wird. Wie wichtig der Blick in den Rückspiegel ist, lernt jeder in der Fahrschule. Gilt das nicht nur fürs Autofahren, sondern auch für mein Leben?

Da nahm Samuel einen Stein und stellte ihn auf zwischen Mizpa und Schen und nannte ihn »Eben-Eser« und sprach: Bis hierher hat uns der Herr geholfen.
(1. Samuel 7,12 L)

Die Bedeutung mancher Erfahrungen in meinem Leben kann ich erst im Rückblick verstehen. Was mir damals als Glück erschien, war vielleicht doch nicht hilfreich für mich. Eine Enttäuschung oder ein Verlust stellt sich später vielleicht als Bewahrung oder neue Chance heraus. Immer nur in die Vergangenheit zu schauen und zu grübeln über das, was war, raubt mir die Kraft für diesen Tag. Aber – es ist wie beim Autofahren: Ein regelmäßiger Blick zurück hilft. Die feinen Spuren Gottes in meinem Leben übersehe ich sonst vielleicht.

Samuel schaut zurück. In den vergangenen Jahren haben sich für das Volk Israel Erfolg und Niederlage, Segen und Unheil immer wieder abgewechselt. Immer wieder hat Gott seinem Volk eine neue Chance gegeben, wenn es sich ihm zuwandte. An dem Ort, wo Gott die Bedrohung durch das feindliche Heer zurückgedrängt hat, stellt Samuel nun einen Stein auf: Ein sichtbares Zeichen für Gottes Hilfe. Der Stein steht da als Erinnerung: Schau zurück. Erkenne, was Gott getan hat. Bis hierher hat uns der Herr geholfen.

M **Fällt es dir leicht, zurückzuschauen? Was siehst du in deinem „Rückspiegel“? Welche Spuren Gottes erkennst du?**

Ich wünsche dir, dass du im Rückblick Gottes Hilfe in deinem Leben deutlich sehen kannst. Und dass du mit Samuel sagen kannst: „Bis hierher hat uns der Herr geholfen.“ Bis hierher. Und noch weiter.

Dr. Ibtissame Bucher

Durch die Augen der Leidenden

„Jede Krise birgt auch eine Chance". Wie oft wird dieser Satz gebraucht. In rückblickender Betrachtung mag er ja oft Sinn ergeben. Wenn man diesen Satz aber in der Tiefe einer Krise oder in tragischem Leid von anderen gesagt bekommt, ist er trotz des Wahrheitsgehalts einfach unerträglich.

Warum lässt du dich so gehen? Warum funkeln deine Augen wütend?
(Hiob 15,12 BB)

So muss es Hiob wohl ergangen sein, als im tiefsten Leid sein Freund rhetorisch fragt: „Warum lässt du dich so gehen? Warum funkeln deine Augen wütend?" Der Freund will helfen. Doch seine gut gemeinten Fragen wie auch seine Antworten bleiben ein Ausdruck der Hilflosigkeit und für Hiob die reine Zumutung. Ja, Hiob ist wütend, seine Augen also auch. Hiob streitet mit Gott. Auch in der Krise bleibt Gott sein Gegenüber, alle Zweifel, alle Klagen und Vorwürfe eingeschlossen. Er wirft Gott Ungerechtigkeit vor und folgt dabei der überaus menschlichen Denklogik von Tat und Folge, von Ursache und Wirkung. Er verweist auf seine Rechtschaffenheit und klagt Gott an. Gott scheut diese Auseinandersetzung nicht.

Wenn guten Menschen Böses widerfährt, wenn Krankheit und Leiden die Gerechten treffen, dann stellen wir diese Fragen. Warum? Wie kann Gott das zulassen ...? Und wir erfahren wieder und wieder: Leid ist nicht an Kausalität gebunden, Leid folgt nicht dem Prinzip von Tat und Folge. Unsere Logik ist überfordert. Was bleibt, sind unzählige Fragen. Jede Antwort bleibt unbefriedigend oder gar billig. Da helfen weder Vertröstung noch frömmelnde Rechthaberei. Was ist, ist! Das ist schmerzhaft zu ertragen. Wenn die Augen wütend funkeln, dann sind da hoffentlich Menschen, die das Leiden ernst nehmen und mit aushalten, die bleiben können und wahrhaft mitleiden. Die Wandlung, die im Leid wieder Zuversicht wachsen lässt und Hoffnung, können wir nicht machen, wir können sie höchstens erbitten. Letzen Endes bleibt solche Wandlung immer ein Geschenk – Gott sei Dank.

▶▶ Aus der Tiefe rufe ich zu dir (NL+ 4)

Micha Schradi

Unter der Lupe

Es ist nur eine kurze Mail von der Chefin: „Mir sind gewisse Dinge zu Ohren gekommen. Mein Büro, 15 Uhr. Bitte pünktlich.“ Da kann einem doch nur das Herz in die Hose rutschen – selbst, wenn man überhaupt nichts verbockt hat und alles nur ein Missverständnis war.

Wie gut, dass Gott nicht so streng ist. Oder etwa doch?
So scheint es zumindest bei den Städten Sodom und Gomorrha. Gott sind Dinge zu Ohren gekommen. Und er begnügt sich nicht mit Hörensagen. Er nimmt das Ganze selbst unter die Lupe.

Einerseits klingt das schon irgendwie bedrohlich. Was, wenn Gott mich so unter die Lupe nimmt und meine dunkelsten Ecken ausleuchtet? Aber darum geht es hier gar nicht. Es geht um Menschen, die ihr Leid zu Gott klagen: „Hier geschieht so viel Unrecht. Hier herrscht die Gewalt!“

„Ich will hinabsteigen und die Klagen prüfen, die vor mich gekommen sind: Haben sie wirklich so schlecht gehandelt oder nicht? Ich will es wissen.“
(1. Mose 18,21 GNB)

Und Gott? Er schwebt nicht über den Dingen, sondern kommt selbst vorbei. Und es wird gefährlich: Die Leute wollen ihm Gewalt antun, weil er ein Fremder ist. Die Klagen erweisen sich als richtig – und Gott trifft eine drastische Entscheidung: Schwefel und Feuer regnen vom Himmel herab und vernichten die beiden Städte.

Gott nimmt Unrecht und Gewalt nicht auf die leichte Schulter. Und er nimmt die Klagen ernst, die Menschen vor ihn bringen. Dabei bleibt er nicht in sicherer Distanz. Er kommt selbst, begibt sich in Gefahr. Am Kreuz ist Gott noch viel weiter gegangen. Jesus hat es zugelassen, dass ihm Gewalt angetan wurde – so sehr, dass er daran starb. Er weiß, wie sich Leid anfühlt. Das macht mir Mut, mich auch weiterhin mit meinen Klagen an ihn zu wenden. Im Vertrauen darauf – Gott kann und wird irgendwann alles zurechtbringen, heilen und versöhnen. Dafür hat er am Kreuz den Grundstein gelegt.

M **Schaut zusammen eine Nachrichtensendung. Wo geschieht auf der Welt gerade Unrecht? Wo leiden Menschen? Bringt es im Gebet vor Gott!**

Johannes Seule

Viel mehr als ein Insta-Filter

An vielen Stellen der Bibel ist vom Gericht Gottes die Rede. Und wir wissen, was das bedeutet. Gott spricht am Ende unseres irdischen Lebens ein Urteil über uns. Und das macht uns Angst, weil wir ahnen, dass wir viel zu oft Gottes Willen nicht beachtet haben.

Das beste Beispiel dafür ist der Verstoß gegen das achte Gebot, nicht schlecht über andere Menschen zu reden und zu urteilen. Denn genau das tun wir oft. Die zehn Gebote sind nur eine kleine Sammlung von Vorschriften oder Ideen aus dem Alten Testament. Auch im Neuen Testament präsentiert uns Jesus viele Lebensgeschichten oder Anweisungen, die verdeutlichen, worauf es in unserem Leben ankommt, damit Leben in einem fairen Miteinander gelingt. Und wir ahnen es, dass wir es nicht schaffen und immer und immer wieder scheitern, manchmal sehr bewusst, manchmal auch aus Versehen.

Können wir beim Gericht Gottes dann überhaupt bestehen? Jugendliche fragen mich immer wieder, wie das denn mit dem Gericht Gottes einmal aussehen wird. Ich stelle mir das so vor: Wenn ich einmal vor Gott stehen werde, dann wird mir mein ganzes Leben im Bruchteil einer Sekunde vor meinen Augen ablaufen. Ich werde mich schämen und still zu Boden schauen, obwohl ich sonst nicht auf den Mund gefallen bin. Ich werde Angst haben, abgewiesen zu werden, keinen Zutritt zum Reich Gottes zu bekommen. Denn darum geht es beim Gericht Gottes. Und Jesus Christus steht neben Gott, tippt ihm liebevoll auf die Schulter und sagt: Lass ihn durch. Für all das, was in seinem Leben nicht geklappt hat, bin ich ans Kreuz gegangen. Es ist okay.

„Kommt, lasst uns miteinander vor Gericht ziehen", spricht der Herr. „Auch wenn eure Sünden scharlachrot sind, können sie weiß werden wie Schnee. Und wenn sie purpurrot sind, können sie weiß werden wie Wolle."
(Jesaja 1,18 BB)

►► Von guten Mächten wunderbar geborgen (LB1 70)
►► Who You Say I Am / Wer bin ich (LB2 116)

Michael Püngel

Panoramafotos aus dem Wartezimmer

M **Holt eure Smartphones raus und sucht nach der schönsten Aufnahme. Teilt miteinander kurz die Erinnerung.**

Die Sonne scheint warm. Es weht eine angenehme Sommerbrise und die Zeltplanen sind nach oben gehängt. Es ist ein Lagertag zum Genießen. Nun kann man entspannt auf der Isomatte liegen und den wunderschönen Blick in die Täler und hin zu den weiter entfernten Bergen genießen. Es sind die Momente, die man auf Foto festhält, auf Instagram postet oder im WhatsApp-Status sieht. Im Panoramamodus wirkt die Landschaft dann meistens noch beeindruckender und verdeutlicht: „Ich bin gerade am richtigen Ort! Hier solltest du auch sein."

Mache den Raum deines Zeltes weit und breite aus die Decken deiner Wohnstatt; spare nicht! Spann deine Seile lang und stecke deine Pflöcke fest!
(Jesaja 54,2 L)

Meistens fallen mir solche Bilder auf, wenn ich mich gerade nicht an „panoramatauglichen" Orten befinde: im Bus, im Büro, wartend beim Arzt. Etwas wehmütig wünsche ich mir dann, auch an meinem Sehnsuchtsort zu sein.

Der Bibelvers spricht davon, genau am richtigen Platz zu sein. Dort ist es so schön, dass man genau jetzt aus dem Vollen schöpfen soll. Dabei sieht es für die Empfänger der Zeilen eigentlich anders aus. Vertrieben aus der Heimat und im Exil lebend, sind ihre Zukunftsaussichten eher ungewiss. Doch Gott fordert sie heraus, ihre Perspektive zu wechseln und etwas zu sehen, was noch nicht sichtbar ist. Weil er da ist. Er sagt ihnen zu: „Ihr seid jetzt am richtigen Ort. Ihr könnt gespannt sein, was alles auf euch wartet. Ich gebe euch eine neue Perspektive. Mit mir könnt ihr die Welt anders sehen."
Gott macht Mut und lädt zu einem Perspektivwechsel ein. Den habe ich nötig – nicht immer, aber immer wieder. Vielleicht mache ich demnächst mal eine Panoramaaufnahme: im Bus, vom Schreibtisch oder beim Arzt.

M **Inszeniert gemeinsam ein Foto, das euch an diese Andacht und Gottes Zusage erinnert – am besten im Panoramamodus.**

Michael Schofer

Hör auf das, was du nicht siehst!

Wie stellst du dir Gott vor? Auf diese Frage gibt es sicher viele tausend verschiedene Antworten. Hiob hatte auch eine Vorstellung, wie Gott ist und was das für sein Leben bedeutet: Wer gut ist und sich an Gottes Regeln hält, dem geht es auch gut. Doch dann kam alles anders. Und er konnte sich einfach nicht erklären, warum sein Leben plötzlich in Scherben lag. Alles, was er über Gott wusste, stand jetzt in Frage.

Manchmal geht es mir wie Hiob. Ich habe eine Vorstellung von dem, wie Gott ist, wie er wirkt, was er tut und was ich tun muss. Ich sammle mir Wissen an und lese Bücher über ihn, damit ich noch mehr lerne. Doch wie Hiob muss ich auch manchmal feststellen: Gott ist doch ganz anders, als ich es mir dachte! Irgendwie kenne ich ihn nur vom Hörensagen.

„Ja, bis dahin kannte ich dich nur vom Hörensagen. Doch jetzt hat mein Auge dich wirklich gesehen."
(Hiob 42,5 BB)

Im Gespräch gibt Gott Hiob einen entscheidenden Hinweis, um was es wirklich geht. Er sagt zu ihm: Du tust, als ob du alles wüsstest und schon alle Fragen beantworten kannst, aber du hörst mir nicht zu, damit ich dir zeigen kann wie ich bin! Hör zu, wenn ich mit dir rede! (Hiob 38,2–3)

Wann höre ich eigentlich einfach nur zu? Viel zu oft rede nur ich im Gebet, sage Amen und gehe weiter in den Tag. Wann bin ich einfach in Gottes Gegenwart und lasse mir von ihm zeigen, wie er ist und was er über mich denkt? Das ist gar nicht so leicht auszuhalten und kostet manchmal ein bisschen Überwindung. Aber es lohnt sich, denn Gott will eine Beziehung mit dir. Das bedeutet, dass auch er dir etwas zu sagen hat!

M Probier es doch mal aus: in Gottes Gegenwart die Stille auszuhalten und darauf zu hören, was er dir sagt. Vielleicht klappt es nicht sofort. Aber es lohnt sich, das zu üben. Du kannst mit einem einfachen Gebet beginnen, wie: „Gott, ich will wissen, wie du wirklich bist und was du über mich denkst! Sprich du heute zu mir."

Sabine Schmalzhaf-Sievers

Von Angesicht zu Angesicht

Propheten – Menschen, die Botschaften von Gott transportieren – waren in der Gemeinde in Korinth selbstverständlich. In unseren Gemeinden sind prophetische Dienste nicht mehr so selbstverständlich, aber trotzdem gibt es auch heute noch Propheten, die sich ganz natürlich in der unsichtbaren Welt bewegen.

Diese Menschen geben Bilder und Eindrücke von Gott weiter und wissen Dinge, die sie nicht im Sichtbaren gehört oder gesehen haben. Sie haben diese prophetische Gabe von Gott geschenkt bekommen und trainieren sie. Immer wieder sind sie auch „im Himmel“ und bekommen Einblick in das, was jetzt gerade im Unsichtbaren passiert und Einfluss auf das irdische Weltgeschehen hat.

Wir sehen jetzt durch einen Spiegel in einem dunklen Bild; dann aber von Angesicht zu Angesicht. Jetzt erkenne ich stückweise; dann aber werde ich erkennen, gleichwie ich erkannt bin.
(1. Korinther 13,12 L)

Könnte das, was für uns eher wie ein Fantasy-Film klingt, nicht eigentlich Normalität sein? Würde uns das nicht viel von unserem „Schaffen aus eigener Kraft“ ersparen, wenn wir mehr lernen würden zu erkennen, was Gott tun will und wo wir mit ihm kooperieren können?

Den Hinweis von Paulus können wir auf zwei Arten verstehen:
Einerseits ordnet er das Wirken der Propheten ein: Alles, was sie erkennen, ist Stückwerk. Unvollständig. Nur ein Bruchteil. Es ist unmöglich, in dieser Zwischenzeit schon die volle Erkenntnis über Gott zu bekommen. Werdet also nicht hochmütig! Lies dazu den Kontext in 1. Korinther 13,1–13.

Andererseits ermutigt uns Paulus, selbst durch diesen Spiegel zu schauen: Ja, wir leben bereits im unsichtbaren Königreich Gottes und dürfen Einblicke in die Himmelswelt haben. Diese Haltung sollten wir trainieren, bis wir ihn von Angesicht zu Angesicht sehen dürfen. Lies dazu im Folgekapitel 1. Korinther 14,1–5,19–25

I

Das Lied „Angesicht zu Angesicht“ von SoulDevotionMusic beschreibt diese Sehnsucht (https://bit.ly/3L3MINp).

Matthias Mergenthaler

7. Augen auf, Mund auf – Sehen und singen.

Augen auf
im Straßenverkehr,
egal wo du bist.
Denn da ist jemand,
der die Wege vor dir
bis ans Ende geht
und sie unter seinen guten Stern stellt,
bis du bei ihm nach Hause findest.

Mund auf!
Lass dein Herz weit offen stehen.
Wag den Blick auf den, der dich sieht.
Und dann:
Gib deinen Emotionen Töne.
Lass raus, was in dir steckt.
Schreien. Klagen.
Danke singen und sagen:

Alles, Herr, bist du.

Zu dir hin (Lux Kollektiv, LB2 117)

„Da geht es doch nur um sehen und gesehen werden“, sagen wir und haben Bilder von lahmen Partys oder steifen Empfängen im Kopf. „Ich habe heute eine Bekannte in der Stadt gesehen“, sagen wir und meinen damit eine belanglose Zufallsbegegnung. „Das hab ich übersehen“, sagen wir und entschuldigen uns für eine Unaufmerksamkeit.

Gottes Blick ist so anders. Er ist vertraut. Er ist ehrlich. Er ist gewollt. Sein Blick sucht mich, ermutigt mich, beruhigt mich. Dieser Blick verändert alles. Ich fühle mich wahrgenommen, angenommen, angekommen. „Sein zweiter Name ist Geborgenheit.“

Kennst du solche Blicke? Augen, in denen du versinken könntest, weil da Liebe ist. So ist es, wenn Gott dich anschaut. Oft können wir das nicht glauben.

Mach dich auf diese Suche. Such diesen liebenden Blick, der alles verändert.

Der amerikanische Franziskanermönch Richard Rohr schreibt einmal:
„Die Menschen, die sich auf eine ehrliche und tiefe Suche nach Gott machten – Mystiker, Einsiedler, betende Menschen, diejenigen, die alles riskierten, um Gott zu finden – trafen immer einen Liebhaber, keinen Diktator.“

Mach dich auf diese Suche. Such diesen liebenden Blick, der alles verändert. Hör nicht auf, bevor du diesen Augen begegnet bist. Vielleicht blickst du dafür in die Seiten der Bibel. Vielleicht scannst du dein Tagebuch der letzten Jahre. Oder vielleicht schaust du dafür in die Augen deiner Mitmenschen.
Hör nicht auf, bis der liebende Blick Gottes auf dich fällt.

Meine Erfahrung damit ist: Durch diesen Blick kann ich mich anders sehn. Andere anders sehn. Das Leben anders sehn. Mein Gott ist ein Mich-Seher, ein Blickwender und ein Perspektivendreher. Mein Gott ist ein Gott, der mich sieht.
Er ist ein Gott des Sehens und Gesehenwerdens.
„Ich glaub, so fühlt sich Segen an.“
Und jetzt mach das Lied zu deinem Gebet.

G **Du siehst mich, egal wo ich bin. Du ziehst mich zu dir hin. Du gibst meinen Füßen Halt, einen Weg zum Weitergehen.**

Tobi Wörner

Ist da jemand?

(Adel Tawil, LB2 43)

„Hast du jemals über christliche Online-Dating-Angebote nachgedacht?“, fragte mich mein Pastor. Ich war der Meinung, man sollte christliche Online-Dating-Websites nur nutzen, wenn man sehr verzweifelt ist. Trotzdem habe ich mich überzeugen lassen – ich war wohl ziemlich verzweifelt. Schließlich fand ich online eine Freundin. Nach ungefähr drei Monaten beschlossen wir, dass es an der Zeit ist, die Eltern kennenzulernen. Doch etwa zwei Wochen nach dem Besuch bei ihrer Familie sagte sie mir, dass sie die Liebe nicht mehr spürt und beendete die Beziehung.

Da ist jemand, der dein Herz versteht und der mit dir bist ans Ende geht.

Ich fühlte mich so unerwünscht. Als ob ich ganz allein wäre und mein Leben keinen Sinn hätte. Es schien mir, als ob niemand mein Herz verstand. An die Liebe glaubte ich nicht mehr – oder zumindest nicht daran, dass ich dazu bestimmt war, die wahre Liebe zu finden. Aber Gott erinnerte mich, dass er mich sieht, versteht, was ich durchmache und dass er bei jedem Schritt bei mir ist: Du bist ein Gott, der mich sieht. (1. Mose 16,13 L)

Hast du etwas Ähnliches erlebt?
Adel Tawil beschreibt in seinem Lied „Ist da jemand“ ein Gefühl, das den meisten Menschen vertraut ist. Die Frage nach dem Sinn des Lebens. Er spricht über Einsamkeit und die Leere, die dieses Gefühl in dir auslösen kann. Er spricht über Verzweiflung und die Suche nach einem Menschen, der dich hält. Er beschreibt auch das wunderbare Gefühl der Hoffnung. Er macht deutlich, dass aus der schlimmsten Verzweiflung oft die größte Hoffnung entstehen kann.

Gott spricht in all diese Lebensherausforderungen hinein und sagt zu dir: „Ich bin jemand, der dein Herz versteht und ich werde mit dir bis zum Ende gehen. Wenn du nicht mehr an dich glaubst, dann glaube ich an dich! Ich werde den Schatten von deiner Seele nehmen und ich bringe dich sicher nach Hause. Wann immer du es am meisten brauchst, dann bin ich da!“

M **Kannst du das auch für dein Leben sagen? Ist da jemand?**

Denzel Thys

Jireh – Du bist genug

(Elevation Worship)

„Ich bin nicht gut genug. Ich bin nicht schön genug. Ich bin nicht dünn genug.“ Kennst du diese Gedanken? Diese Zweifel? Als Teenagerin habe ich mir immer wieder diese Fragen gestellt. Und in mir war eine Stimme, die gesagt hat: „Nein, ich bin nicht genug.“ Heute weiß ich, dass das nicht stimmt. Wie war mein Weg dorthin?

Als ich in der neunten Klasse war, habe ich alles Mögliche versucht, um anderen zu gefallen und mich gut genug und geliebt zu fühlen. Ich habe coole Klamotten gekauft, mich gestylt und wie die anderen geschminkt. Ich habe versucht, mich komplett anzupassen. Und es hat geklappt: Ich bekam Komplimente für mein Outfit, meine Frisur … Doch, um ganz ehrlich zu sein: Ich habe mich dabei leer gefühlt. Das war nicht ich. Aber ich musste doch so sein, um gesehen zu werden. Oder nicht? Trotz der Komplimente der anderen habe ich mich nicht gut und geliebt gefühlt.

Ich danke dir dafür, dass ich wunderbar gemacht bin; wunderbar sind deine Werke; das erkennt meine Seele. (Psalm 139,14 L)

Durch eine Freundin habe ich damals von Gott erfahren. Ich habe erfahren, dass Gott mich genauso liebt, wie ich bin. Dass ich genug bin! In der Gemeinde habe ich dann Menschen kennen gelernt, die mich genauso angenommen haben, wie ich war – auch in uncoolen Klamotten. Sie haben mir auch mehr und mehr von Gott erzählt. Durch Gottes Liebe sind meine Zweifel weniger geworden. Heute bin ich mir sicher: Ich bin geliebt, genauso wie ich bin.

Gott ist das Beste, was mir in meinem Leben je passiert ist. Er ist mehr als genug für mich. Durch seine Vollkommenheit und Liebe kann ich erkennen, wie wunderbar ich und die Menschen um mich gemacht sind. Wie wunderbar du bist! Gottes Liebe gilt auch für dich. Heute und immer.

M **Singt oder hört miteinander das Lied „Jireh – Du bist genug“ (https://bit.ly/3PdS4Jj). Was schätzt ihr aneinander? Nehmt euch Zeit und schreibt es auf. Verschenkt eure geschriebenen Worte im Anschluss an die jeweilige Person.**

Barbara Matt

Dein liebevoller Blick (FJ3 203)

Wenn ich an einen liebevollen Blick denke, fällt mir sofort Opa Max ein. Er ist jetzt 93 Jahre alt und mit einer Mischung aus Lebensweisheit und manchmal einer gewissen Unsicherheit gegenüber dem Modernen sieht er mich an.

Ich frage mich: Was haben diese Augen auf der Welt schon gesehen? Wo hat Opa Max selbst gute oder schmerzliche Blicke erfahren? Wo hat er in seinem Leben sich von Gott gesehen und manchmal auch vergessen gefühlt?

Ich kann mich bei Jesus heute schon in den friedlichen Arm legen.

Opa Max denkt an jeden Geburtstag, Hochzeitstag und Prüfungstag seiner Kinder, Schwiegersöhne und -töchter, Enkelkinder, deren Partner und aller Urenkel.
Gern verschenkte Klassiker sind: Pralinen „Edle Brände“, Sauerkraut, Buchtipps aus dem Evangelischen Gemeindeblatt und Mottokarten aus den letzten Jahrzehnten. Und auch wenn nicht alle Fans von Schnapspralinen und Sauerkraut sind, steckt doch mehr dahinter. Ich kenne wenige, die sich so intensiv Gedanken ums Schenken machen. Eine lieb geschriebene Karte dazu vermittelt immer das Gefühl: Ich sehe dich. Betrachte eine Sache doch mal aus einer anderen Richtung. Ich bin überzeugt, dass deine Mühen sich lohnen. Selten lohnen sich Sorgen darüber, was morgen wohl sein wird.

„Jetzt ruht dein liebevoller Blick auf mir.“ Jesus ist hier und schaut mich liebevoll an. Er ist derjenige, der vorausgeht und einen Plan hat, ganz besonders, wenn es um mich herum dunkel ist. Ich kann mich bei Jesus heute schon in den friedlichen Arm legen. Er hat sich für mein Leben viele Gedanken gemacht und möchte mich beschenken. Im Hier und Jetzt, aber auch besonders an dem Tag, wenn ich bei ihm höchstpersönlich an der Tür anklopfe. Und Opa Max wird dann wahrscheinlich schon dort sein – nach einem gelebten Leben voller liebevoller Blicke.

M **Schließe deine Augen, werde ruhig und versuche, den liebevollen Blick Gottes zu spüren. Versuche dieses Gefühl mit in den Alltag zu nehmen – gerade dann, wenn es dir mal nicht so gut geht.**

Lucas Zehnle

Stern, auf den ich schaue

(EG 407)

M **Singt gemeinsam die erste Strophe des Liedes, dann in der Mitte der Andacht die zweite und zum Schluss die dritte Strophe.**

Lange Zeit blieb dieses Lied unbekannt. Erst 1993 hat es in unser Gesangbuch Eingang gefunden. Dabei ist der Komponistin Minna Koch eine wunderschöne Melodie gelungen, die sehr an englische Hymnen erinnert.

„Alles, Herr, bist du."

Das Gedicht von Cornelius Friedrich Adolf Krummacher hat erst durch diese Melodie Verbreitung gefunden. Dass es dazu kam, war eher zufällig. Minna Koch besuchte ihren Bruder, der mit der Tochter des Textdichters verheiratet war. Dort entdeckte sie das Gedicht und komponierte gleich eine Melodie dazu.

Vor allem die erste Strophe hinterlässt bei mir einen bleibenden Eindruck. In ihr malt uns Krummacher Gottes Größe in starken Bildern vor Augen. Der Stern, der mich durch die dunkle Nacht leitet, der Fels, auf dem ich festen Halt finde, der Stab, auf den ich mich stützen kann, das Brot, das mich nährt, die Quelle, an der ich mich erfrischen und erholen kann und Gott als den Führer durch mein Leben erfahre. Angesichts unserer deutschen Geschichte machte dieses letzte Bild das Lied lange Zeit für viele unsingbar.

Krummacher meinte damit aber, dass Gott derjenige ist, der mich führt und mir Halt gibt, dem ich vertrauen kann. Er ist das Ziel meines Lebens und so endet jede Strophe auch mit dem Bekenntnis „alles, Herr, bist du".

In der zweiten Strophe wird deutlich, wie sehr wir auf Gott angewiesen sind. Gott ist es, der uns Kraft und Mut gibt, der mich auch durch schwere Zeiten hindurchträgt. Ohne den Glauben an IHN würden Glaube, Hoffnung, Liebe vergehen.
Die dritte Strophe ist eine Pilgerstrophe. Das Leben wird als Wallfahrt zu Gott besungen. Alles findet seinen Höhepunkt in der Ankunft bei Gott. Nach dem Tod finde ich meine Heimat bei Gott. Dort bin ich gerngesehener Gast, muss nichts mitbringen und kann Gott zujubeln, denn Gott hat alles vorbereitet. Welch ein Ausblick.

Albrecht Schuler

Wege vor mir

(LB1 122)

Ich bin unterwegs im Wald, jogge vor mich hin und lass die Gedanken kreisen. Die Entscheidung zwischen zwei möglichen Lebenswegen will und will sich nicht finden. Rechts oder links? Zum Glück ist die Joggingrunde klar und die Füße finden festen Halt auf der gewohnten Strecke. Aber welcher Weg ist der richtige für mein Leben, was will Gott von mir?

Jeden Tag liegen viele Wege vor uns. Einige betreten wir ohne nachzudenken, manche bewusst, andere zuversichtlich, unsicher oder zweifelnd. Bei den meisten Wegentscheidungen wissen wir – wenn wir ehrlich zu uns sind – welchen Weg Jesus gegangen wäre. Trotzdem fällt es uns oft schwer, dann auch den Mut und die Kraft dafür aufzubringen. Bei anderen ist es ein langes Ringen, Hinterfragen, Abwägen, um herauszufinden, was wohl hier in Gottes Augen der richtige Weg wäre. Wie gut tut es dann, im Gebet mit Gott zu reden, mit anderen Christen darüber zu diskutieren und sich Zeit nehmen zu können.

Ein Weg zu und mit Gott ist immer und überall möglich!

Welcher Weg ist der, der uns näher oder überhaupt zu Gott bringt, der in diesem Lied erwähnt wird? Das kann zum Glück jeder Weg in jede Richtung sein – denn Gott hat unerdenkliche Möglichkeiten, uns zu erreichen. Bei dem einen Weg könnte es leichter und bei dem anderen schwieriger sein, aber ein Weg zu und mit Gott ist immer und überall möglich!

Ich habe diese befreiende Erkenntnis mitten auf einer Lichtung gewonnen. Ich durfte spüren, dass Gott mir ganz nah ist und dass er das auch immer sein wird – egal, wie ich mich entscheide. Ich durfte selbst entscheiden, er gab mir diese große Freiheit und gleichzeitig wusste ich: Er wird mit mir gehen.

G **Herr, dein Nahesein, deine Begleitung und dein Segen sind mir das Wichtigste auf meinem Lebensweg. Bei jeder neuen Entscheidung hilft mir deine Zusage: Du bist da, du siehst mich. Bei jeder Lebenswegabzweigung hilft mir dein offenes Ohr, das meine Fragen aufnimmt und mich nicht alleine lässt.**

Regina Heise

Open My Heart (LB2 8)

Jeden Tag neu wünsche ich mir, dass Gottes Geist mich findet, dass Gottes Gegenwart meinen Alltag durchdringt. Jeden Tag neu will ich mein Herz, meine Augen und meine Ohren öffnen, um empfangsbereit zu sein für das, was kommt. Jeden Tag neu will Gott seinen Herzschlag, seine Perspektiven und seine Nähe mit mir teilen.

Folgende Gebets-Liturgie zum Start in meinen Tag kann dabei eine Hilfe sein.

Tipps zum Start:
- Wähle einen Zeitpunkt, der für dich gut passt. Wo nimmst du dir deine Zeit mit Gott?
- Wähle einen Zeitraum, der für dich gut passt. Wie lange nimmst du dir deine Zeit mit Gott? In welcher Regelmäßigkeit? Beispiel: Montag, Mittwoch, Freitag von 7 bis 7:15 Uhr, für einen Monat.
- Spreche die Gebete laut. Und halte bewusst Stille. Minimiere die Ablenkung. Ich stelle mir eine Stoppuhr für diese Zeit, zum Beispiel 4 Minuten.

Los geht's. Probier's aus.

Auftakt: „In der Frühe suche ich dich, heiliger und liebender Gott. Bevor meine Hände tätig werden, bevor meine Füße die Wege des Tages gehen, finde ich mich ein vor dir, du Licht, ewiger Glanz, schaffende Kraft."

Sich öffnen: Sing das Lied oder höre es dir an (https://bit.ly/3FEqkZV).

Immanuel-Zeit („Gott ist nahe"-Zeit): Einfach still sein. Die Seele baumeln lassen. Versuchen, Gottes Nähe zu spüren. Nur sein.

Ausrichtung: Ich schaue meinen Tag mit Gott an und empfange den Tag bewusst aus seinen Händen, spreche Fürbitte, Dank und Herausforderndes aus, was den Tag betrifft.

Abschlussgebet: „Erfülle mich, auf dass ich ein Leben aus deiner Kraft lebe. Ein Leben voller Güte und Wahrheit, ein Leben voller Schönheit und Liebe, ein Leben voller Weisheit, Geduld und Stärke. Aber vor allem: Lass Christus in mir Gestalt gewinnen! Hilf den Thron in meinem Herzen räumen und mache Christus zu meinem Herrn und König, auf dass wir eine Einheit werden: er in mir und ich in ihm. Heute und an allen Tagen. Amen."
(Sebastian Steinbach, www.amen-atmen.de)

Christoph Schneider

Impressum

Herausgeber: Cornelius Kuttler

Redaktion, Lektorat und einführende Worte: Johannes Seule
Titelillustration „Blickwechsel": © Dorothee Krämer, Esslingen
Gestaltung: Fred Peper, Stuttgart, www.fredpeper.de
Satz: Isabel Flemisch, Esslingen, www.isabelflemisch.de
Druck und Verarbeitung: logo Print GmbH, Metzingen

Quellenangabe: Jahreslosung/Monatssprüche 2023:
Ökumenische Arbeitsgemeinschaft für Bibellesen Berlin

Bestellungen an:
buch+musik, ejw-service gmbh
Haeberlinstraße 1–3, 70563 Stuttgart-Vaihingen
Tel: 07 11 / 97 81-410, Fax: 07 11 / 97 81-413
buchhandlung@ejw-buch.de, www.ejw-buch.de
Einzelpreis: 4,00 Euro, ab 10 Stück: 3,50 Euro, ab 25 Stück: 3,00 Euro

Zeichenerklärung

Erklärung der Kennzeichnungen im Heft:	
M	→ Methodischer Hinweis
G	→ Gebet
I	→ Internethinweis
▶▶ **Befiehl du deine Wege (EG 361)**	→ Liedvorschlag

Abkürzungen Liederbücher:

(LB) Das Liederbuch (1–2)
(LBG) Das Liederbuch – Gottesdienst
(EG) Evangelisches Gesangbuch
(FJ) Feiert Jesus (1–5)
(NL+) Wo wir dich loben, wachsen neue Lieder *plus*

Abkürzungen Bibelübersetzungen:

(L) Lutherbibel
(E) Einheitsübersetzung
(BB) BasisBibel
(GNB) Gute Nachricht Bibel
(Hfa) Hoffnung für alle

Autorinnen und Autoren